图说名人

《图说名人》编委会 编著

司马迁

史家之绝唱

Simaqian

Shijia Zhi Juechang

南海出版公司

图书在版编目（CIP）数据

史家之绝唱——司马迁 / 《图说名人》编委会编著.
-- 海口 ：南海出版公司，2015.9（2024.8重印）
ISBN 978-7-5442-7993-2

Ⅰ. ①史… Ⅱ. ①图… Ⅲ. ①司马迁（约前145或前135～?）-传记 Ⅳ. ①K825.81

中国版本图书馆CIP数据核字（2015）第204959号

SHIJIA ZHI JUECHANG——SIMAQIAN

史家之绝唱——司马迁

编　　著 《图说名人》编委会
责任编辑 张蕾
出版发行 南海出版公司　电话：（0898）66568511（出版）
（0898）65350227（发行）
社　　址 海南省海口市海秀中路51号星华大厦五楼　　邮编：570206
电子信箱 nhpublishing@163.com
经　　销 新华书店
印　　刷 天津旭丰源印刷有限公司
开　　本 787毫米×1092毫米　1/16
印　　张 7
字　　数 80千
版　　次 2015年12月第1版　　2024年8月第3次印刷
书　　号 ISBN 978-7-5442-7993-2
定　　价 36.00元

前言 TUSHUOMINGREN

司马迁（约前145年—前90年），中国西汉时期伟大的史学家、文学家、思想家。

司马迁字子长，生于龙门（今陕西韩城，一说其为山西河津人），少年时代曾经“耕牧河山之阳”，在10岁那年，其父司马谈升任长安太史令，司马迁随父亲来到了京师长安。然后在父亲的指导下，他刻苦读书，广拜名师，打下了深厚的文化基础。

司马迁20岁时开始外出游历，在做了汉武帝的近侍郎中后，他又随从汉武帝出行。他随汉武帝到过平凉、崆峒，也曾奉命出使巴蜀等地。在全国各地的游历丰富了他的见闻，陶冶了他的性情，为他日后的文学创作打下了坚实的基础。

司马迁继承父志，立志撰写一部规模空前的史书，即便在遭受腐刑之后，他仍以此作为自己精神的支柱笔耕不辍，最终他完成了中国历史上的伟大著作《史记》。

《史记》是中国历史上第一部纪传体通史，全书共一百三十篇，分为本纪、表、书、世家、列传五大部分。其记事始于传说中的黄帝时期，一直写到汉武帝时期，叙述了中国古代三千年左右的历史。在内容上，《史记》详实地记录了上古时期政治、经济、军事、文化等各个方面的发展状况。同时，《史记》还被认为是一部优秀的文学著作，在文学史上具有重要地位，具有极高的文学价值，梁启超赞其为“千古之绝作”，鲁迅誉之为“史家之绝唱，无韵之《离骚》”。

司马迁约在征和三年（前90年）去世，但《史记》将司马迁铭刻于历史之中。

本书精选了大量与司马迁紧密相关的各类图片，将图片与文字有机结合，再现了司马迁传奇的一生，使读者看到一个全新、立体的司马迁。

目录

CONTENTS

龙门名族司马氏

游历东南寻史料

侍从君侧为郎中

继承父业任太史令

完成《史记》悄声隐退

出生地龙门

公元前145年，距今大约二十一个世纪以前，古代中国正孕育着一个震撼性时代。

这一年以刘邦为首的淮泗集团所创建的大汉帝国，已经度过了它的57岁生日。这个由一介草莽英雄所建立的大汉帝国，一方面是时势所趋，另一方面是本身能力不足，几十年来一直以黄老之术为最高的治国指导原则。这种不干涉主义使战国时代不少余风在社会中复活了。分封在各地的王族诸侯，纷纷吸收一些游侠人物，养士自重，对中央政权形成了严重的威胁，最后终于爆发了“七国之乱”。

这一年，“七国之乱”已平定了九年，再过五年，文景之治就要结束。这个治世，为汉帝国蓄养了强大的国力，同时在它结

※汉高祖刘邦

名人名言

人固有一死，或重于泰山，或轻于鸿毛。

——司马迁

束以前，把黄老之术引发的副作用也加以割除了，使汉帝国真正成为中央集权的大一统国家。这个庞大的帝国在等着一位雄才大略的少年皇帝来施展他的抱负，这个皇帝就是汉武帝刘彻，这一年，他还是个

知识链接

文景之治

※汉景帝

西汉文帝、景帝两代四十年左右的时间，政治稳定，经济生产得到显著发展，历来被视为封建社会的“盛世”，史称“文景之治”。

汉文帝十分重视农业生产，他即位后多次下诏劝课农桑，并用一定的奖励制度鼓励农民发展生产。同时还注意减轻人民负担，文帝二年（前178年）和十二年（前168年）分别两次“除田租税之半”，使租率最终减为三十税一。文帝十三年，还全免田租。自此，三十税一遂成为汉代定制。文帝时，算赋也由每人每年一百二十钱减至四十钱，徭役则减至每三年服役一次。

汉景帝继承汉文帝的休养生息政策，继续发展农业生产。他多次下令郡国官员以劝勉农桑为首要政务。允许居住在土壤贫瘠地方的农民迁徙到土地肥沃、水源丰富的地方从事垦殖，并“租长陵田”（即汉高祖陵墓长陵附近的官方田地）给无地少地的农民。景帝曾两次下令禁止用谷物酿酒，还禁止内郡以粟喂马。

文景两代对周边少数民族也不轻易动兵，尽力维持和平的关系。吕后时，南越王赵佗自立为帝，役属闽越、西瓯、骆与汉王朝分庭抗礼。文帝即位

知识链接

后，为赵佗修葺祖坟，尊宠赵氏昆弟，并派陆贾再度出使南越，赐书赵佗，于是赵佗又归附汉朝。公元前162年，文帝又与匈奴定和亲之约，此后匈奴虽背约屡犯边境，但文帝只是诏令边郡严加备守，并不兴兵出击，以免烦扰百姓。

经过汉文帝与汉景帝几十年的精心治理，至景帝末年和武帝初年，社会和国家都已经比较富庶。司马迁在《史记·平准书》中记载说："非遇水旱之灾，民则人给家足，都鄙廪庾皆满，而府库余货财。京师之钱累巨万，贯朽而不可校；太仓之粟，陈陈相因，充溢露积于外，至腐败不可食。"

文景之治虽是以巩固汉王朝政权为目的，但是其统治政策是与时代相适应的，符合当时社会的发展状况，激发了劳动人民的生产热情，因而促进了政治的进步与经济的繁荣，出现了中国历史上有名的空前盛世。

十二三岁的少年太子。

东方帝国盛世的见证人司马迁，就降生在长安东北方的龙门（今陕西省韩城市附近，一说山西河津）。他的一生，耳闻目睹了汉武帝时代的盛况，巡礼了春秋战国、甚至黄帝以来的古圣遗迹。在那个承先启后而富于开创性的时代，他将汉以前的历史作了一番总的整理，对当代史实进行了详尽的叙述，并以他当时的世界性眼光，旁及亚洲邻国，完成了一部震古烁今的史学巨著——《史记》。

一部《史记》除了展示司马迁个人的才华、见识以外，还包含了西汉文化的浪漫色彩，同时也隐含着背后的血汗、辛酸。前面，已经

※汉武帝刘彻

大概指出司马迁步上历史舞台的时间、地点，这告诉了人们那将是一个伟大时代，它会造就一个人作为大国臣民的宽阔胸怀和远大眼光。但由于汉朝皇帝祖传的猜忌、刻薄，又注定了那个大时代的大天才所要面对的大危机。

司马迁出生在龙门。滚滚黄河从青藏高原流到陇西高原，然后转向东北绕个弯儿，形成奇妙的河套以后，再向南流，将晋陕高原割裂成山西、陕西两部分，而后再转向东，下太行山之前，有个不容易通过的水险，那就是龙门。相传龙门是大禹治水所凿，原来是一座山，就叫龙门山。它被一分为二后，分跨黄河两岸，黄河过了这个龙门口，就山开峰阔，河水豁然奔放，声如雷鸣。河中鱼类都无法游过去，说是游得过去的就是龙，所以世称登上高位或科场得意就叫“登龙门”或“鲤鱼跳龙门”。因为司马迁出生在这里，所以有人以“龙门”称呼他。

※渭　水

※华山仙掌峰

在龙门南方，黄河转折向东，其支流渭水的弯道附近，有一关和一山是自古以来极重要而明显的政治、文化之分界线，那就是被称为“崤函之险”的函谷关和杜甫诗形容为“诸峰罗列似儿孙”的西岳华山。

人们常常所说的“关东”、“关西”和战国以来所称的“山东”、“山西”，就是分别指这个关和这个山。

在《战国策》和司马迁的《史记》中，那些专门爱论天下大势的纵横家，分析起局势来，都会提到这个分界线。大体而言，在上古时代，关东是已进入农业社会的汉族中原文化的活动区域，关西则是以游牧为主的戎狄文化的活动区域。

到了春秋时代，由于秦襄公协助周平王东迁有功，升格为诸侯。经过几代努力，不但把西边蛮族（西戎）地区统一了，而且把势力向东拓展到华山。不过，公元前630年前后，秦穆公大力推行的东进政策，终于在一次决定性的交战中被晋国所阻挡。从此，秦国专心在关西地区发展，称霸西戎，一直到战国初期。两个世纪当中，关西的秦国采取闭关自守政策。关东诸国还时常把它当成蛮族看待。

后来关东地区在丰富的物质条件基础上，产生了百家学说；关西则在几位卓越的君主领导下，吸收关东文明，并且独尊法家，励精图治，配合在边地长期培养出来的尚武精神，最后征服了关东诸国而一统天下，并把政治中心设在关中（指函谷关至陇关之间，也可说即今陕西省中部），这个政治中心风光了一千多年而不衰。

以现在的省份区划来看，关东主要包括山西、河北、河南、湖北、湖南、山东、江苏、安徽等省；关西则包括陕西、甘肃、四川等省在内。

据史学家傅乐成先生研究，一直到汉代，关西仍然是个特殊地

陕西韩城司马迁祠

区，文化上与关东截然不同。就人才而言，关东出相，而关西出将。但由于秦始皇的过激政策，使关东六国后裔揭竿而起，并使关西人变成被征服者，因此，虽然这个尚武文化区域出了不少卓越将领，却在地域观念作祟下，没法获得政治上的平等权利。

摊开地图可以发现，司马迁的出生地龙门，正好就在关东、关西交界线接近中央的位置。是的，这是一道门，它可以尽窥关东、关西的一切，如果说上天把这位旷古奇才送上历史舞台的位置，对台下的观众有所暗示的话，也许这就是个看天下事、记天下事的最佳位置吧！可是，上天安排的这出戏似乎将是一出悲剧。因为龙门虽在交界地带，但仍属关西地区，以当时的地域观念而言，他是被征服者秦人的后裔。上天赋予了他浪漫个性，在浪漫的同时又伴随着命运交响曲三短一长的不安音符。他注定要卷入一件关西军人世家所发生的案件中，而无助地接受惨无人道的刑罚。这个悲剧是不是不够悲壮呢？因为他没有为受冤枉慷慨而死，却受辱求生。不是的，人们不是也能从他的巨著《史记》中，感受到那个“壮烈”的余震么？因为他的求生，是回过头来，重拾那“乱臣贼子惧”的史笔，指向千古，面对万人。这岂不更壮烈？

史官世家司马氏

“公元前145年”及“龙门”的启示暂且按下不表，当作伏笔。那么，先来看看司马迁的家世。

首先引起人们兴趣的，该是他的姓——“司马”。说明姓氏的源流，那是个很困难的问题，只能说，中国到了周代，由于人口繁衍渐多，原有的单纯封建制度无法适应社会需要，于是由姓演化出氏族系统来。姓是原始族号，氏就是它的分支，最初也是由分封而来。有以官职为氏的，也有以封邑为氏的，司马就是以官为氏，司马是官名，掌管军事。

司马迁对司马氏的起源，在《史记》的自序中曾有所叙述，但留下了不少问题，他的家族谱系也很难追踪。粗略地说，他的老祖宗虽然是个管军事的官儿，但后来不知到哪一代改行，做周朝王室的太史了，后来逐渐分散到各诸侯国，那就各行各业都有了。

秦国的司马错，是司马迁比较早而可信的一位祖辈，大约早他一百八十年，是那位一上台就杀死商鞅的秦惠王手下的大将。他曾经和主张连横的张仪，为了攻打韩国还是攻打在今四川成都一带的外族小国蜀国的决策问题上，在秦惠王面前展开辩论。张仪认为攻打韩国可以乘机胁迫邻近的周王室，然后可以挟天子以命令天下的人遵从秦惠王的号令，是进行王业非做不可的一步。司马错则认为“欲富国者，务广其地；欲强兵者，务富其民”，而且挟持天子，会引起六国的反感，正好可以作为他们的借口以合力对付秦国。因此，他主张伐蜀，不但有具体的经济利益，而且不会引起六国的注意。

这个有远见的论调，当场获得秦惠王的同意。就在那个时候，蜀国正好和在今重庆一带的另一小国巴国相互攻击，于是司马错轻易地把蜀国消灭并吞掉了它的土地。司马错可以说是汉族经营四川的第一个人。他在劝秦惠王攻打蜀国的时候曾提出了“拔一国而天下不以为暴，利尽西海（此处代指蜀国）而天下不以为贪”的经济策略，后来秦国能够兼并六国，他这个富国以强兵的经济策略也占有一些功劳。司马错就是司马迁的九世祖。

司马错以后，人们现在所能知道的，有司马错的孙子司马蕲，他是曾在长平之战坑杀了赵国四十万士卒的秦国大将白起的部下，长平之役他也参加了。也许是因为与白起的关系相当密切吧，所以后来白起高呼“我何罪于天，而至此哉”被秦昭王赐死时，司马蕲也陪着被赐死。

司马蕲的孙子叫司马昌，曾在秦始皇的政府担任相当于现在矿务局长的官，主管铁矿事务。

※秦惠王手下大将司马错

司马昌的儿子，也就是司马迁的曾祖父，叫司马毋怿，他做过“汉市长”，所谓“汉市”，有人说是地名。“长”呢？秦汉的县官，治理万户以上的叫“令”，万户以下的叫“长”。这么说来，他就是个县太爷。可是另外还有个说法，说长安城内有四个市（市场），他是这种“市”的市长。不管怎么说，他是个公务员，官不大。

司马迁的祖父叫司马喜，他似乎没做过什么特别的事，司马迁只说他曾获得下“五大夫”的爵位。接下来，就是司马迁的父亲司马谈。

整个看起来，他可知的祖先，除了司马错曾经有过显著的功劳以外，其余大都是中下级的官吏。他们是司马氏离开周朝王室以后奔向秦国的一支，世居龙门一带。说起来，他的祖先成了秦人以后，似乎担任史官的事业，一直到他的父亲司马谈，才又重操旧业。

知识链接

姓氏

姓氏中的姓是“别婚姻”，氏则是“明贵贱”。正如《通志·氏族略》说的那样，“贵者有氏，贱者有名无氏。”

中国的姓源于原始社会母系氏族时期，所以中国的许多古姓都是女字旁或女字底。姓作为区分氏族的特定标志符号，如部落的名称或部落首领的名字。姓在母系氏族社会以后，逐渐增多，来源极广，主要来源于封国名、谥号、爵位名、官名、居地、职业等。

如传说黄帝住姬水之滨，以姬为姓；炎帝居姜水之旁，以姜为姓。皇天以大禹治水有功，赐姓为姒。此外，部落首领之子亦可得姓。黄帝有二十五子，得姓者十四人，为姬、酉、祁、己、滕、箴、任、荀、僖、姞、儇、衣等十二姓，其中有四人分属二姓。又祝融之后，为己、董、彭、秃、曹、斟、芈等姓。这些是远古有代表性的一些姓。

夏、商时期，贵族有姓氏。姓的分支为氏，氏自姓出，意思相当于家或族。夏王室为姒姓，另有霸主昆吾为己姓，己姓中有苏、顾、温、董、豢龙等氏。商王室为子姓，另有霸主大彭、豕韦为彭姓。商代还有条氏、徐氏、萧氏等十三个氏。

周代是中国姓氏大发展的一个重要时期，姓氏制度见于记载者较多。周王为姬姓，周王所封建的各诸侯国之君和卿大夫有同姓和异姓的区别。到东周春秋时，可考的有姬、姒、子、风、嬴、己、任、祁、芈、曹、董、姜、偃、归、曼、熊、隗、漆、允等二十二姓。

虽然周代贵族有姓，但只有女子才称姓，未婚女子如齐姜、宋子，齐、宋为国名，姜、子为姓。已出嫁女子，如江芈、栾祁，江、栾为夫家国、氏名，芈、祁为女子本人的姓。当时有同姓不婚的习俗，故称贵族女子的姓以示与夫家之姓有所区别。

自秦汉以后，姓氏不分，合二而一。

姓和氏，是人类进步的两个阶段，是文明的产物。

重操祖业的司马谈

这位重操远祖旧业的司马谈，才是真正把司马迁引向伟人伟业大道的关键人物。同时，他对司马迁的思想有很大影响。

也许司马迁在私人方面不便多费笔墨，关于他的父亲，在《史记》里并没有详细叙述，所以司马谈的生年无法考证，只知道他死于公元前110年，即司马迁三十六岁那年。他是在汉武帝建元年间担任太史令，确切的年代不知，大概是在汉武帝登基后一两年内，也就是司马迁六七岁的时候。不过，关于司马谈的思想，《史记·太史公自序》记载了一篇他写的论文，这篇文章非常有名，也非常有价值，叫《论六家要旨》。他把春秋战国以来的学术，整理出一套系统，井然有序地对阴阳、儒、墨、名、法、道六家学说做出了简要而一针见血的总评。他最推崇的是道家，而批驳最多的则是儒家。他认为各家学说有个通病，就是过于褊狭，没法灵活运用，只有道家“因阴阳之大顺，采儒墨之善，撮名家之要”，而且“与时迁移，应物变化”。换句话说，就是最具有综合性和最

※司马迁

富于弹性。照这个说法，如果“道家哲学就是过来人的哲学”是正确的话，那么在司马谈的眼中，道家可真就是从儒、名、墨、法、阴阳各家“过来”的经典哲学了。他盛赞道家“无为而无不为”，批评儒家“博而寡要，劳而少功”，因为“儒者以六艺为法，六艺经传以千万数（经籍太多了），累世不能通其学，常年不能究其礼（永远学不完）”。

司马谈的这一套思想，对司马迁有着很大的影响。这篇文章写于哪一年，没有明文记载，但写作的背景却是非常明显的。那是汉朝由初期的“黄老之术”，转到“罢黜百家、独尊儒术”的过渡时期。显而易见地，司马谈是沉湎于过去黄老之术的代表。司马迁承袭了他评六家的学风，但是“他的见识和衡量，已超过了他父亲。他对孔子以下百家的衡评，直到现在两千年来大体还如他意见”（钱穆语）。也正因为他“超过”了他的父亲，而且，他的时代虽然全部在“罢黜百家、独尊儒术”的汉武帝时代的笼罩下，但是实际上，汉武帝的尊儒只是做了表面功夫。所以司马迁实际上也生活在一种思想转型的空气中，不过比他父亲的时代更向儒家靠近而已。

※孔　子

本来这是那种过渡时代无法避免的思想现象，不足为奇。但后世却每每为司马迁的思想究竟是“尊儒抑道”还是“尊道抑儒”而争论不休。双方都可以在《史记》中找到许多的证据来证明自己的看法，只是，会不会“劳而少功”呢？

就司马谈来说，《史记》说他曾向一位叫唐都的方士学过“天官”。“天官”用现在的话说，就是研究日月星辰的天文学，接近阴阳家。他也曾向杨何学易经，这是一门具有道家色彩的儒学；又向一位姓黄的先生学习“道论”，此人大约就是司马谈道家学说的授业老师，灌输给他道家的思想。

这样一位学黄老、崇黄老的父

※司马迁

亲，给司马迁的是怎样的教育呢?说起来也很合理，他在那个过渡但提倡儒学的时代，仍是随着潮流，让司马迁接受儒家教育。因为毕竟这是中央政府的政策，而他也在中央政府任职。

在这样一个时代生活，在这样一位父亲的安排调教之下，司马迁的思想怎么能够按照后世的标准加以评定呢?说他就是什么家，或客观点说他是偏重什么家?这个问题，看来永远是“仁者见仁，智者见智”。但是，最重要、也是最主要的是，别忘了司马迁是个史学家，是个浪漫时代的浪漫史学家。他好奇的眼光，射向任何他能看到的角度，而这些都是他思想源泉的一部分，是他思想的影子。

司马迁的父亲对他的影响很大，但绝不是他的全部。一个成功的史学家，往往先具有敏锐而且敏感的触觉，而后有准确的反应和反馈，他是一个时代的测定器。其生存和生活的体验是极为重要的。所以，还是撇下空泛的名词，一切从头说起，先谈谈他的少年。

知识链接

黄老之术

中国战国时出现的哲学、政治思想流派。尊传说中的黄帝和老子为创始人，故名为黄老之术。黄老之术始于战国，盛于西汉，假托黄帝和老子的思想，实为道家和法家思想的结合，并兼采阴阳、儒、墨等诸家观点而成。 在社会政治领域，黄老之术强调“道生法”，主张“是非有，以法断之，虚静谨听，以法为符”。认为君主应“无为而治”，“省苛事，薄赋敛，毋夺民时”，“公正无私”，“恭俭朴素”，“贵柔守雌”，通过“无为”而达到“有为”。上述主张在汉初产生了一定的影响，于是出现了“文景之治”的盛世。东汉时，黄老之术与谶纬之说相结合，演变为自然长生之道，对道教的形成产生了不小的影响。

道、儒、法学说的交锋

司马迁十岁以前，绝大部分时间都在龙门乡下，过着典型乡下小孩的生活：帮忙耕田、放牛，和带着泥土香味的玩伴们与大自然亲吻、嬉戏，当然，免不了也要接受家传的基础教育。

在龙门西南方的首都长安，就在这十年中，也就是他五六岁的时候，正为一个名副其实的新时代的来临而忙碌，比他只大十一二岁的汉武帝登基了。一个五六岁的小孩可能还弄不清皇帝是个什么东西，就算弄清楚了，他也万万没有想到，自己长大以后，竟然就在皇帝身边做事，而且为这位皇帝做事。汉武帝是一位浪漫而富有传奇色彩的皇帝，他的一生绝对称得上

※汉武帝

名人名言

反听之谓聪，内视之谓明，自胜之谓强。

——司马迁

是大有作为，但是却又充满矛盾。他即位以后曾经自称平阳侯，微服出巡。好笑的是，他曾被当作小偷，淋了一身尿。他为制止社会上流行的战国养士的风气，而果断地杀了关东大侠郭解。为了替先祖的受辱雪耻，他下令集中全国的兵力痛惩匈奴，但却怕死怕得像个未见过世面的小村妇，任一些江湖术士玩弄于股掌之间，然后“且战且学仙”。他说：“我要是真的能像黄帝那样（长寿成仙），那抛妻弃子对我来说，就像脱鞋一样。”他常叹人才不足，可是又往往因一点小过就滥加杀害。他常常因一时失察而酿成巨大惨案，而后又很后悔，最后则在痛悔中结束他的一生。

司马迁的一生，就是跟这样一个皇帝密切相关。汉武帝登基以后建立了中国帝王第一个年号，即“建元”。这个名词和“始皇”似乎有些异曲同工之妙。汉武帝和秦始皇一样，登上人位之极，嫌不够，还要在历史记录上拔得头等。而事实上，透过司马迁的描述，他们两位还真具有不少相像之处。

在这里先说秦始皇的焚书，这一把火确实是令司马迁不方便，因为六国的历史典籍都被烧光了，这些是秦始皇下令焚烧的重点。唯独秦国本身的部分，由于刘邦打

※洛阳白马寺

入咸阳时，萧何抢先去把图书资料抢救下来了，它还是完整的，所以有关秦的事情，《史记》记述得最为详尽，可以说秦国在司马迁笔下复活了。但同样地，秦国的尚武尚法精神，也在司马迁的有生之年复活了。

早在司马迁出生前二三十年的汉文帝时代，在当时的大商业城市洛阳，冒出了一位天才，名叫贾谊。他提出用礼乐教化转移风俗、多建诸侯以削弱地方权力的“治安策”以来，道家的那件外套就显得有些无能，而儒家则有渐渐抬头的迹象。同时人们明显地发现，原来所谓的“无为而治”，就某种意义而言只是一味地因袭，包括因袭秦

所遗留下来的法律，差别只在不常用，没事时，就让百姓清静；真有事情发生，可是严厉得很。原来汉初的道家外套里，还是穿着法家的内衣，只是不常亮相而已。

贾谊要脱去道家外套并更换内衣的论调一出，马上引起那些主张黄老之术的大臣们的恐慌，可是又提不出具体的办法或从理论上去反驳贾谊，只是大骂“洛阳之人，年少初学。专欲擅权，纷乱诸事”，然后冠给他一个“洛阳少年”的封号。这个封号今天看来好像还蛮好听，事实上，当时的意思是说贾谊是洛阳那种大商业城的小子，一个不守规矩的小混混，带有轻视鄙夷的意味。贾谊就这样被那批人阻挡在了首都之外，无法接近皇帝来施展他的远大抱负。

※贾谊铜像

这是企图换衣的第一回合，儒家失败了。可是，逐渐庞大的帝国，从无为到有为的需要，使这一类的改革冲突不断地发生。

到了司马迁的少年时代，两种学说又经历了激烈的遭遇战，之所以用“激烈的遭遇战”来形容，是因为这里面有好几个有趣的巧合和冲突：

第一，刚刚说的逐渐庞大的帝国，必须有所为才有办法适应这个时代的需要。正好在这个时候，汉朝最有为的皇帝上台了，这是时与人的巧合。

第二，汉武帝好大喜功，想有所作为，在各家治术当中，那个隐藏在黄老外套底下，还没有显现出来的法家，自然是最适宜不过的。可是，秦代因崇尚法家，让人们疲惫不堪，终而速亡的前例，使汉朝那些受秦暴政蹂躏的百姓的后代子孙，实在不敢提倡法家之治。这个民意，汉武帝也没有胆量加以违背。想要又不敢说，想放弃又舍不得，是汉武帝这个人内心的冲突。

第三，姑不论汉武帝内心的冲突，他贵为一国之尊，当他想有所作为的时候，照理没有人可以阻挡他。可是按司马迁的父亲在《论六家要旨》中所说，不论什么家都没法改的“君臣父子之礼”却是汉武帝不得不遵守的。汉武帝的父亲汉景帝已崩，但他的祖母窦太后还在他头上没死。如果窦太后在头上而不管事也就罢了，偏偏她在汉景帝时代就是窦氏外戚集团的首脑，诸事可是管得紧。而更令汉武帝烦恼的是，窦太后是坚决支持黄老之术

知识链接

窦太后

※窦太后

窦太后（约公元前205年—公元前135年）名漪，清河郡（今河北清河）人，出身于良家，吕后时被入选进宫。后来吕后挑选一些宫女出宫赏赐给诸侯王，每个王五名，窦姬也在选中之列。窦姬因家在清河，离赵国近，希望能到赵国去。她向主持派遣宫女的宦官请求，一定要把她的名字放到去赵国的花名册里。这个宦官在分派宫女时却把这件事忘了，把她的名字误放到去代国的花名册里了，就这样她去了代国。虽然这不是她的心愿，但到了代国，代王刘恒却非常喜欢她，先与她生了个女儿刘嫖，后又生了两个儿子：刘启和刘武。后来刘恒继位为文帝，其子刘启继位后为景帝。

窦太后死于公元前135年（汉武帝建元六年），时年约七十一岁。她去世后与文帝合葬于霸陵。

窦太后是中国古代历史上最后一位拥附“黄老思想”的统治者，在她的影响下，西汉政权能继续由刘邦时期定下的“与民生息”、“无为而治”的精神，从而把西汉王朝推上了强盛的高峰。

的死硬派。

汉景帝时有个博士（博士始于战国时代，是政府中随从的知识分子，不负实际任务，属顾问性质，但工作内容很复杂，包括卜卦等帝王所喜好的事情，跟政治较无关系）名叫辕固生，窦太后因为喜欢老子书，有一天召他去问问题。辕固生说："这（老子）不过是童仆之言而已（不足以治天下）！"太后听辕固生这么说老子非常生气，侮辱了他心爱的老子怎么得了。司马迁在《儒林列传》里描写这段情节，说太后愤怒地命辕固生"入圈刺豕（豕，即是猪）"，应是刺野猪。这有点像罗马人的一种惩罚并娱乐的方式，犯罪的人在一个圈成圆圈的场子里头和猛兽相搏斗。斗胜了，算是走运，可以免罪；斗输了，就让猛兽给吃了。这时汉景帝在旁看出辕固生不过是直言冒犯了太后，实在不算犯什么大罪，就命人偷偷给他一把最锋利的刀子，结果运气不坏，辕固生一刀就刺进野猪心窝而幸免于难。这样一个顽固而霸道的太后压在顶上，汉武帝实在也不敢太过于大刀阔斧，这是属于人与人的冲突及道与儒、道与法的交锋。

这三个巧合和冲突，如果再加以排列组合，那就热闹得很。这个

※董仲舒雕像

棘手的问题，现在来看看汉武帝是怎么处理的。

他一上台就下令大臣们负责推荐保举"贤良方正，直言极谏"的贤能人士，言明"申韩（法家）苏张（纵横家）之言，乱国政者"不在推荐之列，黄老则碍于太后，暂时不敢列入禁止范围。结果，董仲舒等儒者被选用了，可是因为顾忌太后眼色，武帝只好先把他们安置在地方政府。董仲舒被分派到汉武帝哥哥的王国里。显然，他对自己内心的冲突已有了妥当的化解办

法，那就是决定改用儒家外套。为什么呢？司马迁在《史记》中记载汉武帝有个令他害怕的诤臣汲黯，他曾批评汉武帝是“内多欲而外施仁义”，这句话正好一语道破他决定尊儒的真正动机。汉武帝想利用迂阔但高谈王道并且重礼制的儒家学说，来掩饰他“多欲”的内心。一方面可获得重仁义、行王道的美名；另一方面可以避免天下人“谈秦法色变”的排斥力，以行尚武、尚法之实。这真要感谢司马迁据实直书，把骂“当今天子”的话也照实写下来了，否则，要知道他的真面目还真怕证据不足呢！

到了建元五年（公元前136年），即司马迁十岁的时候，大概窦太后已经体弱力衰，事情管得少了。于是，汉武帝进行了第二个步骤，在他手下的顾问组织里，设置“五经博士”，换句话就是“儒学博士”。不过，顾问组织里本来就有的其他各家各派博士仍然存在。

第二年，窦太后一死，这个属于人的冲突因素就完全化解了。就在这一年他把不是儒家的其他博士，全部予以遣散，这就是有名的“罢黜百家”。从此，儒学成为中央政府正式标榜的正统学术，而“博士”的职务也由原来的旁门杂

知识链接

罢黜百家，独尊儒术

“罢黜百家，独尊儒术”是西汉武帝实行的封建思想统治政策，也是儒学在中国文化中居于统治地位的标志。

西汉初年，汉高祖不喜儒学，使儒家的学术源流几乎断绝。博士制度虽承秦制依然存在，但博士人数不多，且仅具官（居官，徒居官位）待问而已，在传授文化方面难以起很大作用。惠帝废《挟书律》，使诸子学说复苏，其中儒、道两家影响较大。在学术思想发展的低潮中，道家的黄老无为思想为汉初统治者所提倡，居于支配地位，各种不同流派的思想家也都乐于称说黄老之言。文、景时期，出现了由无为到有为、由道家到儒家的嬗变趋势。旧秦博士伏生出其壁藏《尚书》二十八路，文帝派晁错从其受业。此时，博士之数达到七十余人，百家杂陈而儒家独多。儒家的《书》《诗》《春秋》以及《论语》《孝经》《孟子》《尔雅》都有博士，其中《诗》博士有齐、鲁、

知识链接

韩三家，《春秋》博士有胡毋生、董仲舒两家。这为汉武帝独尊儒术提供了条件。

建元元年（前140年），董仲舒在举贤良对策中提出建议：凡是不在六艺之科、孔子之术的各家学说，都要从博士官学中排除出去。汉武帝对董仲舒的这种大一统思想非常赏识。后来又采纳丞相卫绾之议，罢黜治申不害、商鞅、韩非、苏秦、张仪之言的贤良。汉武帝此举受到好黄老的祖母窦太后的强烈反对，她于次年借故把鼓吹儒学的御史大夫赵绾和郎中令王减系狱。儒家势力受到打击，但武帝在建元五年（前136年）又置五经博士，使儒家经学在官府中更加完备了。建元六年（前135年），窦太后死，儒家势力再度崛起。元光元年（前134年），武帝将不治儒家《五经》的太常博士一律罢黜，排斥黄老，别名百家之言于官学之外，提拔布衣出身的儒生公孙弘为丞相，优礼延揽儒生数百人，还批准为博士官置弟子50人，根据成绩高下补郎中，吏有通一艺者选拔担任重要职务。这就是历史上有名的“罢黜百家，独尊儒术”。

流加以制度化，专门研究历史和政治，而且由能够“通经致用”的学者担任。他们没有实际政务，但可以参加“廷议”（政务会议），开创了学术指导政治的通道。

不管汉武帝内心如何想，有没有诚心真正去运用，但这个制度是个建设性的制度。还有，他后来在博士底下，设有弟子员五十人，每年都进行考核，能通过一部经以上考核的，就可以派职。成绩好的则可以为“郎”（天子的侍从），从而开通了由读书通往从政的途径，为人才的吸收及人事行政立下了一条较为公平合理的制度。

也许就是受这种划时代的背景影响，崇尚黄老的司马谈，也配合适应政策环境，让司马迁接受儒家教育。司马迁自己说他十岁的时候，开始学习古文，古文当时是指秦代篆书以前的“蝌蚪文”，在当时已经被放弃不用。他学习这种文字，与这个背景有没有间接关系，不得而知。一般认为，在他六七岁的时候，他父亲开始担任太史令。十岁的时候他随父亲住到长安。这样一来，司马迁开始接触到京城内刚刚飘起的儒学风气，同时，在父亲身边直接受父亲的教诲。他的古文基础对他日后的考订史料有着非常大的帮助，因为古文资料较为接近当时的时代，比较可以信赖。也因此，司马迁才有办法把秦汉以前的历史整理出来。

十岁的司马迁，乘着“儒风”来到长安。就在这个政治经济文化中心，渐渐地他发现，这阵“儒风”吹过以后，下的竟然不是“儒雨”，而是尚武尚法、内心向欲的“秦雨”。当他八岁那年（公元前138年），汉武帝的特使张骞，奉命出使到西域去，目的是联络大月氏，夹击匈奴。这已经是一个明显的信号，汉帝国已经准备舒展它的筋骨。司马迁马上要进入一个热闹而且令他目不暇接的场面，他为这种事非常高兴，并对前途充满了憧憬，但也因此，他将向着他一生中最悲惨的遭遇一步一步地靠近。

知识链接

儒家思想

儒家思想也称为儒教或儒学，由孔子（公元前551年—公元前479年，名丘，字仲尼，春秋时期鲁国人）创立，最初指的是司仪，后来逐步发展为以尊卑等级的“仁”为核心的思想体系。儒家的学说简称儒学，是中国影响最大的学术流派，也是中国古代的主流意识。儒家学派对中国、东亚乃至全世界都产生过深远的影响。

儒家基本上坚持“亲亲”、“尊尊”的立法原则，维护“礼治”，提倡“德治”，重视“人治”。儒家思想对封建社会的影响很大，被封建统治者长期奉为正统思想。

道家思想

道家思想起始于春秋末期的老子，但秦时期并没有道家这一名称。用“道”一词来概括由老子开创的这个学派是由汉初开始的。这时，道家也被称为德家。

司马迁的父亲司马谈曾写过《论六家要旨》一文，把秦学派概括为道德、

知识链接

儒、墨、名、法、阴阳六家，并阐述了六家要旨和得失。汉初道家思想普遍流行，加之司马谈是道家思想信徒，所以他给予了道家最高的评价。

司马谈指出道家兼有其他五家之长，同时避免了它们的短处，用来治国修身，有事半功倍的效果。汉代淮南王刘安因谋反失败而自杀，谋反者使用的理论武器是黄老之学，这使黄老之学的无为而治受到了严重挑战，道家思想因此逐渐走向衰落。汉武帝独尊儒术后，道家思想从此不再成为中国主流思想。

法家思想

韩非子之前，法家分三派。一派以慎到为首，主张在政治与治国方术之中，“势”，即权力与威势最为重要。一派以申不害为首，强调“术”，即政治权术。一派以商鞅为首，强调“法”，即法律与规章制度。韩非子认为“不可一无，皆帝王之具也”。明君如天，执法公正，这是“法”；君王驾驭人时，神出鬼没，令人无法捉摸，这是“术”；君王拥有威严，令出如山，这是“势”。

法家是先秦各哲学流派中最后出现的一派，他们认为，每个时代的变化都有其不得不变化的原因，因此只能现实地对待当今世界。古代的人民比较淳朴，是由当时物质条件的低下所造成的，但古代人民的品德未必普遍高于当代人民。古者，“人民少而财有余，故民不争。今人有五子不为多，子又有五子，大父未死而有二十五孙。是以人民众而货财寡，事力劳而供养薄，故民争”。韩非子曾对守株待兔的故事做了评价：今欲以先王之政，治当世之民，皆守株之类也。“是以圣人不期修古，不法常可，论世之事，因为之备。”商鞅也提过：“世事变而行道异也。”

总的说来，法家并不寄希望于通过教育将大众改造成新人，而是通过从实际出发，制定法律，配以君王的权术与威势，统治臣民。法家思想和我们现在所提倡的民主形式的法治有根本的区别，最大的区别就是法家极力主张君主集权，而且是绝对的。但法家的思想我们可以有选择地加以借鉴、利用。

东南大游历

十九岁以前，司马迁尝到了国家对外作战初次获得胜利的兴奋和喜悦，也得到了和当时的鸿儒学习讨教的机会。因此，进入成年的司马迁，已经拥有了大国臣民的胸怀。这时的他，纯然是个盛世的骄子，拥有浪漫的个性，这使他对祖国的山河深为向往，并且早已幻想神游了。

终于，二十岁的时候，他展开了一次走遍半个中国的游历。这次游历的动机，不十分清楚，是单独一个人，还是成群结队，也没有记录可查。但有一点却是可以确定的，就是这一次大游历，对他日后完成《史记》有相当大的帮助。后面将会说到，《史记》中很多地方都有这次游历的影子，好比一个接一个的镜头在眼前闪过。难怪有人推测这次游历是奉了他父亲的指示，到东南各地收集史料去的。

关于其中经过，《史记·太史公自序》只用了五十一个字，《汉书·司马迁传》只用了四十九个字简单叙述。不过，《史记》的其他卷帙里，也常提到这次游历的所见所闻，若重新加以排列，也可以连成一系列的画面，同时可以看到一些他的思想痕迹。

那些五十一或四十九个字的叙述，只记述他游历的路线，大体是从首都到东南江淮、浙江一带，

※韩信立像

而后是沿长江下游而上溯到湖南，再转到山东，最后经河南回陕西。

首先说第一站——江淮，江淮是指今江苏省和安徽省北部一带。他来到淮阴侯韩信的故乡，故城在今江苏北部淮阴区南边。司马迁在那里专访了当地的老人，向他们询问韩信早年贫困时的种种情况。《史记·淮阴侯列传》大约在这次旅行中就有了腹稿。他在这篇传记的最后说，他到淮阴的时候，淮阴人曾经告诉过他，韩信在早年仍是个贫困平民的时候，志气就与众不同了。他母亲死的时候，他穷得没法为母亲办丧事，可是坟墓却要筑得高高的，而且占地要大，大到墓旁足够建造万家人住的房子。司马迁听了，还特地去参观那个大墓地，果然如当地人所说的那般大。他写道：“余视其母冢，良然！”

司马迁一向同情失败的英雄，在这篇列传里，开头不久，以萧何追赶韩信并向刘邦大力推荐的故事突出韩信的地位。然后描写几次战役，生动地展现出韩信的军事天才。后来则以几句“狡兔死，良狗烹”一类的话，指出韩信最后的下场。末了的“太史公曰”又很同情而无可奈何地说：“假如韩信学学老庄之道，不要称说自己的功劳大，不要夸奖自己的才能高，则他对汉朝的功劳，几乎可以比得上周公、召公、太公，而让后世供奉。”又说：“而天下已集，乃谋叛逆，夷灭宗族（韩信最后被夷灭三族），不亦宜乎？”

司马迁最后这句话，究竟是什么意思，曾经引起过很多争论。其中有一种说法被大多数人所接受，说司马迁这句话的意思是：“既然天下已经要一统了，韩信为什么还要在这种不是造反的时候造起反来？而当他造反以后就灭了他三族，岂是有心肝的人做得出来的？”一方面说韩信，一方面怪高祖及吕后心肠之狠，对这么一位开国大功臣施行那么残酷的刑罚。

另一种说法也有道理，说所谓“天下已集，乃谋叛逆”的“乃”字，是方才的意思。整句话的意思是说：“天下都已经要一统了，才起来造反（不是太慢了吗）。那么，因此而被夷三族，岂不是应该的吗？”

后一种说法可以在这篇列传中找到一处呼应，就是司马迁用了全篇大约十分之一的字数写齐国人蒯通为韩信看相，说：“相君之面，不过封侯，又危（而）不安。相君之背，贵乃不可言。”劝韩信趁早独立，与刘邦、项羽三分天下，然后成就大事。可是韩信“独豫不忍背（叛）汉，又自以为功多，汉终不夺我齐（时韩信为齐王）”。蒯通眼看劝他不动，只好装疯离开了他。最后，韩信被吕后下令斩首时还说：“吾悔不用蒯通之计。”

※吕　后

由这段叙述的大意可见“乃谋叛逆”解释作“到这个时候才起来造反”似乎是前后呼应。这么说来，司马迁是认为韩信太委屈了，他简直可以取代刘邦成为皇帝。当日在刘邦面前拼命推荐韩信的是萧何，而最后参与计划诱杀韩信的也是萧何。所以司马迁不忘记上一笔“吕后欲召，恐其党不就，乃与萧相国谋”。

这个东南游的第一站，司马迁在感慨、叹息中离去。他往南走，到了现在浙江绍兴东南方十三里的会稽山。在到会稽山之前，他曾经参观了战国时代四大公子之一楚国春申君的故城宫室。

在春申君的时候，楚国的疆域已经扩展到沿海江浙一带，而且它的首都曾设在今安徽寿县。传说黄浦江就是春申君开凿的，今上海

附近就是他的封邑，上海北门外有“春申君祠”，上海的简称“申”和春申君有很大的关系。照司马迁的路线来看，他参观的春申君的故城宫室，大概就在现在的上海一带。他赞叹地记道：“盛矣哉！”可见他去的时候，那个故城还依然存在。

在会稽山，他首先去看了“禹穴”，这是一个山洞，据说大禹曾经进去过。而会稽山是当年大禹会见天下诸侯的地方，山上有禹王庙，山下有大禹陵墓。又据说会稽山原名茅山，是大禹改的名字，理由是他会诸侯在此地计算各国的赋税，而会稽就是“会计”。

除了大禹会诸侯以外，大禹的后代越王勾践也曾在这里卧薪尝胆。司马迁的《史记·越王勾践世家》可能也是将在这里听到的一些流传中的故事作为材料。

至于会稽山的北面太湖一带，当年吴王夫差的故地，司马迁也可能前去探访过。他回到都城长安后，把那些材料编成春秋末年吴越争霸的文字。

知识链接

吴越争霸

大国争霸是春秋时代的显著特征。在齐桓公首霸之后，晋、楚两国相继而起，逐鹿中原，争当盟主，但终因旗鼓相当，势均力敌，在春秋中叶以后，出现并霸的局面。在这样的形势下，晋景公采纳申公巫臣的意见，开始联合吴国，企图利用吴国牵制楚国的右翼，使楚国不能腾出手来招架晋国的攻势，从而谋利。

吴国偏居东南沿海地区，与越国为邻，有断发文身之俗。严格地说，它还不能算是一个国家，只是一个部落群体。在中原列国眼里，吴是一个经济、文化十分落后的蛮夷之国。公元前584年，晋景公派申公巫臣到吴国传授车战射御的技术，并唆使吴国背叛楚国。于是吴国不断侵伐楚国，又攻打巢、徐等吴楚之间的小国，弄得楚国忙于应战，疲于奔命。在晋国的扶植下，吴国的军事力量发展得很快，国土日益扩展，声望日益提高。中原诸侯国家开始和吴国建立联系。公元前522年，伍子胥从楚国逃到吴国，做了相国。他教给吴王阖闾“安君治民，兴霸成王”之道，使吴国由极为落后的蛮夷之邦，一跃而成为军事强国。

知识链接

越国是古代越族建立的国家。传说其先祖乃大禹的后裔，被封于会稽（今浙江绍兴），历二十余世而至允常。公元前510年，吴王阖闾攻越，正是允常在位时。几年后，吴国又大举攻楚，攻占了楚国的国都郢都，吴王阖闾庆功作乐，流连忘返，国内很空虚，越王允常乘机袭击吴国。吴王阖闾之弟夫概也悄悄溜回吴国，自立为王。恰巧这时，楚大夫申包胥哭秦廷七日，求来救兵，吴王阖闾被迫跟楚国讲和，匆忙回师，赶跑夫概，保住王位，而楚国也侥幸复国。楚昭王接受了痛苦的教训，开始励精图治。为了解除吴国对楚国的威胁，他采取联越制吴的策略。

吴王阖闾决心打败越国。公元前496年越王允常死，其子勾践继位。吴国起兵攻越。吴越两军战于槜李（今浙江嘉兴南）。吴国的军队阵容整齐强大，越王勾践派敢死队冲锋失败，就改用罪人在阵前集体自杀，吸引吴军的注意力，然后突袭吴军，越将灵姑浮挥戈刺伤吴王阖闾，吴军败退，阖闾死于途中，其子夫差继位。夫差派专人侍立宫门，每逢夫差出入，便发问："夫差，越王杀害你父亲的仇恨你忘掉了吗？"夫差则回答："是，不敢忘！"过了两年，吴国出动精兵攻越国。夫椒（古山名，在今江苏苏州西南太湖中）一战，越军大败。

越王勾践忍辱图存，厚赂吴王夫差的宠臣伯嚭，向吴王求和，吴王夫差终于允许求和。

公元前482年，吴王夫差通知中原诸侯到黄池（今河南封丘县西南）开会。黄池之会使吴国达到了北上称霸的目的，但也标志着吴国霸业的终结。就在吴王夫差参加黄池之会的时候，越王勾践率兵攻进吴都，俘虏了太子友。公元前478年，越国再次进攻吴国，吴国大败。公元前473年，越军第三次大规模进攻吴国，终于将吴国灭掉。

这时，越国已成为地跨江、淮的东方大国。越王勾践率领军队北渡淮河，在徐州（今山东滕县）与齐、宋、晋、鲁等国诸侯会盟。各国都听越的号令。周元王正式派人赐给勾践祭肉，命他为霸主。此后，勾践为长期称霸中原，迁都琅琊（今山东诸城市）。直到战国中期，越国才被楚国打败。

追溯屈原、贾谊

离开了会稽山的大禹陵墓，司马迁沿着长江逆流而上到了今湖南南部、湘江上游的九疑山（宁远县之南六十里）。这里是大舜陵墓的所在地。《史记·五帝本纪》这样写道：“（舜）南巡狩，崩于苍梧之野，葬于江南九疑，是为零陵。”

从湘江顺流北上就可以到达洞庭湖畔的长沙。长沙的北面，在今湘阴县北边，就是楚国屈原怀石自沉的汨罗江，《水经注》称它为“汨罗洲”，又叫作“屈潭”，它是汨水和罗水合流之处。这是一个令人容易伤感掉泪的地方。司马迁后来在《屈原贾生列传》中这样写道：“余读《离骚》《天问》《招魂》《哀郢》，悲其志。适长沙，观屈原所自沉渊，未尝不垂涕，想见其为人！”

※大禹陵

在前面已经说过，司马迁对弱小者和失败者充满了同情之心。这主要源于他丰富的感情，而这感情经常可以在他的书中体现出来。整部《史记》常常可以看到“余每……未尝不流涕也！”“观……未尝不垂涕。”“未尝不废书而叹

※湖北宜昌屈原祠

也！”之类的话。或许，丰富的感情和对弱小的同情心，也是一个史家应该具备的条件吧！丰富的感情，使他爱人类、关心人类，而后去注意人类的活动，并细心地观察加以记录；对弱小的同情心，则使他的注意力不被炫耀眼目的成功的人与事所强占，而让视角扩大到弱者、失败者一群，使这些弱者、失败者能被人们所知道。

这篇列传除了写屈原之外，把贾谊也写了进去，变成了屈原贾谊两人的合传。在转接处，司马迁这样写道："自屈原沉汨罗后百有余年，汉有贾生，为长沙王太傅，过湘水，投书以吊屈原。"为什么把两个相隔一百四五十年的人合并在一篇传里呢？

根据近代人的研究，屈原大约生于公元前343年，他是南方富于浪漫气息的楚国的贵族及诗人。司马迁说他早年"入则与国王议国事，以出号令；出则接遇宾客，应对诸侯"。而这时他的年龄只有二十五六岁，由于少年得志，引来了一些人的妒忌。这些人在楚怀王面前说他气焰太猖，并多方加以陷害，终于使楚怀王渐渐地疏远他了。

当时距秦始皇一统天下不过半个世纪左右，战国群雄中以秦、楚、齐最强，正是张仪、苏秦的合纵连横策略在各国之间风行的时候。楚国内部有亲秦派和亲齐派，以屈原的浪漫诗人个性来说，自然与爱谈神仙的齐国文明较能契合。他是个亲齐派，把强大的秦国当作虎狼一样看待。他的被排挤、陷害，也可以显示出亲秦派占了上风。于是他由于被疏远而最终丢弃了官职。

在这期间，楚怀王这个没有见识的昏君，竟然闹出了一个大笑话。秦惠王想攻打齐国，打算先说服楚国，使它不至于和齐国联合。秦国不动兵刃，只派了张仪来对楚怀王说，只要楚与齐断绝关系，不要打扰他秦国的大事，秦国愿意献六百里的土地给楚国。楚怀王竟然相信了，痛痛快快地与齐国断绝了关系，然后欢天喜地地派使臣去向秦国索取六百里的土地。没想到，张仪却不慌不忙地说：“仪与王约六里，不关六百里。”于是“楚使怒去”。

六百里变成六里，秦、楚关系马上又变僵了。亲秦派当然脸上无光，屈原也因此有机会再次回到朝中。这时他大约三十二岁。他这次被复用，获得了楚怀王的几年信任，还曾经被任命为使者到齐国去。但亲秦派并未因此沉寂下来，他们又促成了秦、楚联姻。秦惠王之后的秦昭王特来邀请他的亲家楚怀王到秦国去会面，屈原劝说：“秦，虎狼之国，不如毋行！”楚怀王不听，浩浩荡荡地北入虎口。屈原因为这件事也被流放到汉北，不久就传来了楚怀

※屈原碑林

王“死于秦而归葬”的消息。这时屈原大约四十五岁。

秦、楚绝交，屈原又有机会回朝。可是不到三年，亲秦派又恢复了影响力，楚怀王之后的楚顷襄王又与秦修好，可怜的屈原被二度流放到外面去了！

又过了七八年，屈原大约近五十五岁的时候，司马迁说他“颜色憔悴，形容枯槁”地来到汨罗江旁“披发行吟”。他感慨地对渔翁说：“举世混浊，而我独清；众人皆醉，而我独醒！”并表示他看破一切，“宁赴常流，而葬乎江鱼腹中”，然后他作《怀沙之赋》（怀着沙石，增加重量，准备自沉江底，所以叫怀沙），跳进汨罗江自杀了。

这个投江的场面，司马迁写来凄切动人，文中渔翁劝屈原说，既然是举世混浊，干脆就“随其流而扬其波”算了。屈原说：“吾闻之，新沐者（刚洗完头发的人）必弹其冠（把帽子弹干净再戴）；新浴者（刚洗完澡的人）必振衣（把衣服抖干净再穿）。人又谁能以身之察察，受物之汶汶者乎（谁又能让自己干净的身子，去接触肮脏的东西呢）？”读来确实令人心酸！而这一段，很可能就是司马迁在这次旅行到汨罗江畔时所听到的，

※建于秭归县长江边上的屈原祠

对他讲述的人也很可能就是江边的渔夫。

在这里思屈原、吊屈原，使他想起只比他早三四十年站在同一个地方、望着江水长叹并写《吊屈原赋》的洛阳少年贾谊。他也是少年得志，后来却被谗言所排挤，也是擅长写辞赋。他的吊屈原，好比是对自己心灵的呼唤，是对共同体验的抒发。

贾谊，洛阳人，出生于汉高祖七年（公元前200年）。他十八岁就已经很出名，最得意的时候是在二十岁出头的那几年。最先起

用他的是河南郡太守吴公（名字失传），后来吴公因为治绩优良被升为廷尉（掌管司法刑狱），顺便把贾谊这个“年少，颇通诸子百家之书”的青年，推荐给了汉文帝。汉文帝挺识人的，马上任命他为博士。博士这个职位在汉文帝时代仍是等于执牌的顾问，各家各派都有，而能当上博士的，可以想象大部分都是些中老年学者。贾谊是最年轻的一个，可是却出尽了风头。

司马迁说他“诸老先生未能言，谊尽为之对”，汉文帝非常欣赏他，一年之内就让他跳级升到了中大夫（汉朝的爵位分公、卿、大夫、士，大夫又分上、中、下三等），后来甚至要把他提升到公卿的地位，结果引来了汉初那批保守的元老集团的嫉妒，骂他“专欲擅权，纷乱诸事”，是洛阳来的小流氓小混混！汉文帝之所以能当上皇帝，正是那批元老功臣集团在铲除吕后势力后协议安排的，汉文帝又怎么敢得罪他们?他只好把贾谊调离中央，外放去做长沙王的太傅（太师、太傅、太保合称三师，地位尊贵但无实权，是皇帝的顾问，位在丞相、太尉、御史大夫三公之上，所以又称上公。太傅是吕后时才开始设置的。贾谊担任的是诸侯王国的太傅）。大约四五年后，汉文帝曾经把他召回长安相见，但仍然不敢把他安置在自己身边，而是派他为梁怀王的太傅。

又过了几年，梁怀王骑马不慎掉下来摔死了，贾谊为这件事哭泣了一年多，也跟着死了，当时他只有三十三岁。从他初见汉文帝崭露头角到他郁郁而终，总计共十年左右。在这十年当中，他为后世留下五十多篇政论文章，最著名的就是那篇掷地有声的《治安策》。这篇文章一开头就说：“臣窃惟事势，可为痛哭者一，可为流涕者二，可为长太息者六，若其他背理而伤道者，难遍以疏举。”他所说的时事中，坏到令人痛哭的，就是“封建诸侯”的问题。当年汉高祖为了顾及社会普遍憎恶秦朝的噩梦式生活而怀念战国时代的形势，从而承认封建诸侯，与郡县制并行。贾谊则认为这必定是个乱源，他主张“众建诸侯而少其力”的温和改革办法。其余的问题包括匈奴问题，他主张去除“恐匈”的心理，改变为强硬政策；又主张要注重太子教育，因为太子是将来治理天下的主人；主张要礼遇大臣，不可让大臣任意受到刑戮，大臣若真犯了大罪，也只可命他北面而拜，跪而自杀，不可让他受狱吏的凌辱；还主张要纠正秦朝重法所遗留下的风俗，恢复华夏传统的文化形态。

贾谊的这一套治国理想，被认为是“开国之盛音，创建之灵魂，汉代精神之源泉”，将他与汉高祖刘邦并列，说刘邦是材质上的开国（材质的含义，是说以力取、以气制胜），而贾谊则是精神或理想上的开国。

考察贾谊死后的汉代政治情形，可以说无一不符合他所说的理想和方针。汉朝因危机四伏的封建郡县并行制度而爆发七国之乱，可以说是因为没有采用他的众建诸侯的温和办法而采用“削地”政策所导致的后果。不过，他说的“少其力”的目标仍然在七国之乱后达成；他的对匈奴强硬主张在汉武帝时代得到贯彻；他的重视太子教育，到汉武帝时代演进成除了太子教育外，还设立博士弟子员，普遍重视全国青年教育的政策；他的移风易俗呼声，演变成董仲舒的文化复古运动。

这样一位才气横溢的青年政论家，对于身处盛世，正是当年贾谊初露头角年龄的司马迁来说，自是一心地对他尊崇。司马迁是爱才、惜才的，或许他的容易伤感也是来自这种“爱”和这种“惜”。他把贾谊、屈原这两位同样有才能，而遭遇同样命运的天才，打破时空距离而排放在同一篇列传内，似乎唯有这样才足够显示出他们的悲怆，也唯有这样才足够表达出自己内心的感慨！

与屈原的《怀沙之赋》相对的是，司马迁录入了贾谊的《鵩鸟赋》。鵩鸟是一种无法远飞的鸟，当时长沙人传说这种鸟是凶物，飞入哪家，哪家人就要死。贾谊被排挤到长沙后，有一天飞来一双鵩鸟，于是“自以为寿不得长”，而作《鵩鸟赋》以作为看破生死荣辱的自我安慰。他引用老子的话“祸兮福之所倚，福兮祸之所伏”，又说“命不可说兮，孰知其极？”“化为异物（死而化为鬼）兮，又何足患？”果然，没几年，贾谊就死在“怀王太傅”任期内，真是命中注定的吗？

如果说，这篇《屈原贾生列传》与日后司马迁遭受残酷刑罚的心境有关的话，那这就是发泄司马迁对人世苍凉的感慨。此外，也许就是学贾谊，拿《鵩鸟赋》来表明自己对人世沧桑的态度吧！

知识链接

屈　原

屈原（约公元前340年—公元前278年），汉族，芈姓屈氏，名平，字原；又自云名正则，字灵均。

知识链接

战国末期楚国丹阳（今湖北秭归，新考古发现可能实际为龙阳，今湖南汉寿）人，楚武王熊通之子屈瑕的后代。

屈原是中国古代最伟大的浪漫主义诗人之一，也是我国已知最早的著名诗人和伟大的政治家。他创立了“楚辞”这种文体。《离骚》《九章》《九歌》《天问》是屈原最主要的代表作。后世所见屈原作品，皆出自西汉刘向辑集的《楚辞》。这部书主要是屈原的作品，其中有《离骚》一篇，《九歌》十一篇，《天问》一篇等。

屈原早年受楚怀王信任，任左徒、三闾大夫，常与楚怀王商议国事，参与法律的制定，主张彰明法度，举贤任能，改革政治。同时主持外交事务，主张楚国与齐国联合，共同抗衡秦国。在屈原的努力下，楚国国力有所增强。但由于自身性格耿直加之他人谗言与排挤，屈原逐渐被楚怀王疏远。公元前305年，楚怀王与秦国订立黄棘之盟，屈原反对，但是楚国还是彻底投入了秦的怀抱，屈原也被楚怀王逐出郢都，流落到汉北。屈原被流放期间，感到心中郁闷，开始文学创作，在作品中洋溢着对楚地楚风的眷恋和为民报国的热情。其作品文字华丽，想象奇特，比喻新奇，内涵深刻，成为中国文学的起源之一。公元前278年，秦国大将白起挥兵南下，攻破了郢都，屈原在绝望和悲愤之下怀抱沙石投汨罗江而死。传说当地百姓投下粽子喂鱼以此防止屈原遗体被鱼所食，后来逐渐形成一种仪式和风俗。以后每年的农历五月初五为端午节，人们吃粽子、划龙舟以纪念这位伟大的爱国诗人。1953年是屈原逝世2230周年，世界和平理事会通过决议确定屈原为当年纪念的世界四位文化名人之一。

寻访孔子、刘邦的故乡

按照《史记·太史公自序》及《汉书·司马迁传》的记载，司马迁从江浙一带到两湖盆地以后又转向山东，这个路线在地图上看似乎有些怪。不过，在有确切的证据考查出更合理的先后顺序之前，还是跟着这个唯一的记录，离开令人怆然的汨罗江，来到另一个失意的人物、同时也是令人崇拜而伟大的人物——孔子的故乡。

这时候，距离尊崇黄老的窦太后去世及汉武帝采用董仲舒的“罢黜百家，独尊儒术”建议大约已有十年的时间了。崇儒风气已经吹遍了全国，这个孔子的诞生地自然有一番兴旺的景象。

※位于山东的孔庙

司马迁来到这里做了一些什么呢？他说他到鲁国“观仲尼庙堂、车服、礼器，诸生以时习礼其家，余只祗回（或作低回，犹如徘徊）留之，不能去云”。他是亲身去接触孔子在文化教育上所遗留下来的种种具体遗迹，深深去体会儒家教化的遗风，并且徘徊不去。

他对孔子是崇拜的。

他接着说："天下君王，（以）至于贤人，众矣！当时则来，没则已焉。孔子布衣，传十余世，学者宗之，自天子王侯、中国言六艺者宗乎夫子，可谓至圣矣！"

可是崇拜并不表示全部思想的皈依。后世对他究竟是重黄老还是重孔孟，争论不休。前面已说过，这是个见仁见智的问题，《汉书》作者班固在《司马迁传》的末了评论道："其是非颇谬于圣人，论大道则先黄老而后六经。"可是司马迁所定的《史记》体裁，采取西周以来封建诸侯的国别史的名称"世家"来记述诸侯的事情。孔子是平民，他却把孔子列入诸侯的行列作了《孔子世家》。关于老子，则只归到记述名人传记的"列传"而作《老子韩非列传》，显然在编排上又变成尊孔抑老。站在传记的立场，由司马迁的生存时空及生活体验来看，我们只能说：他具有浪漫的性格，他的家庭教育（来自他父亲）使他保有他父亲的黄老思想的遗风，但他所处的时代使他浸润在孔子的遗风当中，而这个时代的孔子遗风，又是个具备"杂家"色彩的儒风。

※班　固

山东除了鲁国，另外还有靠海边的齐国。游完齐、鲁后，如同孔子遭遇的"陈蔡之厄"，司马迁也"困厄于鄱薛、彭城"，如何被困厄却并没有详细的记载，只在《孟尝君列传》中说：我曾到过薛（在今山东南部滕县的西南方），当地的风俗与邻（孟子故乡）鲁不同，都比较粗暴。我问人是什么原因，他们说是因为当年孟尝君喜欢养士，以致招来一些任侠奸人之类的到薛城来，恐怕有六万多户吧。所以，世人传说孟尝君好客，实在是名不虚传啊！

彭城就是现在的徐州，是当年西楚霸王项羽所统辖的楚国的首都。在彭城的东边，今江苏北部的宿迁市西，就是项羽的故乡下相。彭城的西北边则是刘邦及萧何、曹参、周勃等汉朝开国功臣集团的故乡沛县（故城在今江苏北部沛县的东面）。彭城的东北方，正是当年张良椎击秦始皇不中而藏匿的地点下邳（故城在今江苏北部邳州市的东面）。张良在这里遇到圯上老人黄石公（圯是当地人的土语，就是桥的意思），黄石公在这里授给他《太公兵法》。可以说汉初的主要人物全部齐聚在彭城附近。所以这一段旅程虽然遭到困厄，但给司马迁的灵感应该也很多。

首先说项羽与彭城。项羽曾在此创造过一个以寡胜多的奇迹。他只用三万精兵，就把刘邦的五十六万大军打得落花流水。最后项羽虽然失败了，但司马迁对他还是相当敬佩的。他把这位失败英雄放在帝王的地位，为他写了《项羽本纪》。他说项羽“分裂天下而封王侯，政由羽出，号为霸王，位虽不终，近古以来未尝有也”。

如果这次旅行，在时间上说，与他敬佩推崇项羽有什么关联的话，也许就是项羽的青年气势吧！项羽刚开始起义的时候不过是个二十四岁的青年，在乌江自杀时也不过三十一岁。相对地，刘邦已是四五十岁的人了。当时二十岁出头的司马迁对项羽自然有一种年龄上的亲切感。当然这不是他敬佩项羽的主要原因，最主要的，仍要归于他的同情心。

在司马迁的笔下，项羽似乎比刘邦要来得有英雄气概，而刘邦则充满了无赖气息。

《项羽本纪》一开始就指出“项氏世世为楚将，封于项，故姓项氏”，是说项羽的勇猛善战是有家世渊源的。然后说他有志气，“少时学书不成，去学剑，又不成”，因为“书足以记名姓而已，剑一人敌，不足学，（要）学万人敌”，于是学兵法。说他看到秦始皇出游的队伍时说“彼可取而代之也”。后来在挥军救赵的巨鹿之战中，司马迁写项羽破釜沉舟，大破秦军，胜利后，得意地召见原来在旁观看不敢参战的诸侯军将领，那些将领一个个吓得“无不膝行而前，莫敢仰视”。即使是项羽最后败亡的垓下（今安徽灵璧县东南）之战，司马迁也把他塑造成一个悲壮的英雄：汉军以数千骑追他仅存的二十八骑，结果“项王大呼驰下，汉军皆披靡”，有个大胆的汉将追项羽，“项羽瞋眉（怒目）叱之”，那汉将就“人马俱惊，辟易（退避）数里”。

最后到了乌江（今安徽和县东

※项　羽

北四十里），项羽把他心爱的千里马送给一位亭长，那位亭长劝他渡江以图再起，他不肯，仍和他的随从战士下马“持短兵接战，项王又杀数百人”，后来他终于发现汉军中有一位老朋友，索性就把自己脑袋送给他去领赏，从而结束了他狂飙式的一生。

刘邦呢？司马迁笔下的他，是个好女色、爱喝酒的无赖汉。刘邦早年当亭长时，有一次去参加沛县县长的宴会，县长规定送礼一千钱以下的人只能坐下席。刘邦这个小亭长，身上根本没几个钱，竟高声说他送了一万，然后大摇大摆地坐在首席。他能任用读书人，可是动不动就骂他们，有时甚至拿他们的帽子作尿罐用。

在彭城的战斗中刘邦被打败了，他的父亲被项羽俘虏，项羽特制一个特大型的切肉砧板，把刘邦的父亲放在上面，威胁刘邦，如果不投降，就要把他父亲烹了。刘邦根本不怕，说：“我和你同在楚怀王面前受命，约为兄弟。我爹就是你爹，你如果真要把他煮了，那就也分我一杯羹好了！”由此可见刘邦的无赖作风！

至于刘邦周围的同乡又是什么样的人呢？萧何、曹参原来是狱吏，周勃是办丧事时的吹鼓手，樊哙是个杀狗的，周昌是个小吏，灌婴是个卖布的。结果后来萧何、曹参、周勃都做过丞相，其余的人也都封了侯。关于他们，司马迁在这次旅行中也询问了地方的老年人，他很感慨地说：“异域所闻！当年他们还在屠狗卖布的时候，怎么会想到日后竟然能够附骥（千里马）之尾，而垂名于汉世？”

这样前后一比，司马迁似乎是同情项羽同情得过火了吧？怎么刘邦及他的沛丰同乡（秦时，丰是沛县的一部分，叫丰邑，刘邦的故乡是沛县的丰邑。后来到汉朝时，丰邑独立为一县）形象都不甚好，倒是项羽像条汉子！

事实上不尽如此，司马迁写沛丰功臣们过去的历史并不是凭空捏造，因为他死后由他孙子把《史记》公开以后，并没有哪一个沛丰功臣的后代出来责难所记不实。至于刘邦和项羽之间，尽管司马迁同情后者，但并没有失去史家的理性，从他的记载仍然可以得出刘邦应该得到天下的结论。

刘邦是个老谋深算的人，早年虽然是个市井流氓，但是处理事情来却能够从大局出发，只要看看韩信在萧何大力推荐下而拜大将时说的话，就可以分出刘邦与项羽的高下了。韩信曾经在项羽的帐下听过令，因不被重用而改投刘邦。司马迁以一个对双方都有所了解的立场分析两人的优劣。关于项羽的劣势，他说：项羽的勇悍无人可比，但不能任用贤将为他效命，其勇悍只不过是他个人的匹夫之勇而已。他平常对人很好，讲话和颜悦色，有人生病了，他会为病人担忧，而且饮食照料，无微不至。可是当别人有功劳该封爵的时候，他又舍不得分封，所以他的仁慈，只不过是妇人之仁。还有，项羽大军所经过的地方，无不残破，从而引起天下人的怨恨。

※刘　邦

相对地，刘邦废除秦朝残暴的法律，与秦民约法三章就是仁而爱人的表现，而他能说出“运筹于帷帐之中，决胜于千里之外，吾不如子房；镇国家、抚百姓、给馈饷（粮饷），不绝粮道，吾不如萧何；连百万之军，战必胜，攻必取，吾不如韩信”的话，则表现了他的豁然大度。

如此看来，司马迁哪有故意贬刘邦的意思?他能够从那些老年人口中采撷一些生活琐事而加以记录，除了写实以外，也为后世在分析汉朝统治阶层及其性格时，提供了上好的资料。说起来，他还真有分析的眼光呢！

知识链接

萧何月下追韩信

秦末农民战争中，韩信仗剑投奔项梁军，项梁兵败后归附项羽。在项羽军中，他多次向项羽献计，始终不被采纳，于是离开项羽投奔了刘邦。有一天，韩信违反军纪，按规定应当斩首，临刑时他看见汉将夏侯婴，就问夏侯婴："难道汉王不想得到天下吗，为什么要斩杀壮士？"夏侯婴以韩信所说不凡、相貌威武而下令释放，并将韩信推荐给刘邦，但没有被重用。后来韩信多次与萧何谈论天下大势，被萧何所赏识。刘邦至南郑途中，韩信思量自己难以受到刘邦的重用，于是中途径自离去，萧何发现后连夜追赶，最终二人一起归来。不久刘邦筹划收复关中。萧何就向刘邦推荐韩信，称他是汉王争夺天下不能缺少的大将之才，应重用韩信。刘邦采纳萧何建议，七月，择选吉日，封坛拜将，拜韩信为大将。从此，刘邦文依萧何，武靠韩信，举兵东向，争夺天下。

再看司马迁描写萧何极力推荐韩信给刘邦，但刘邦还不了解为何韩信这么值得推荐时，刘邦说："我就看在你面上任命他为将。"

萧何说："只任命他为将军，恐怕韩信不肯留下来。"

刘邦就说："那就任命他为大将（有全权治军之权）怎么样？"

萧何说："这样才好呀！"

于是刘邦就想马上召韩信来任命他为大将。萧何有点不客气地埋怨道："王素慢无礼（您向来不讲礼节）。今拜大将，如呼小儿耳（拜个大将像在叫小孩似的），这就是先前韩信偷偷跑掉的原因啊！"

这段讲来，是不是如见其人，显得刘邦这个人非常真实的存在？说来这也是个小动作，可是司马迁要是不记下来，则皇帝一切的事情岂不公式化得像神话？

游过了沛丰一带，司马迁转向西行，来到河南的开封。开封就是战国时代魏国的首都大梁，当地人向他述说了当年魏国灭亡时的景象。后来司马迁在《魏世家》里这样写道：我曾到大梁的废墟访问，当地人告诉我说，秦之所以能攻破梁，是引河沟（渠名，又叫鸿沟）的水淹灌大梁。三个月城墙就坏了，魏王只好请求投降，于是魏国

※信陵君

就这样灭亡了。

魏国的信陵君是战国四大公子之一，养食客三千。诸侯因为他的贤名而不敢侵犯魏国。他曾经率领五个国家的军队大破秦军而威震天下。后来由于魏王听信谗言而不用信陵君，信陵君只有每天与食客饮酒解闷，又近女色，没几年就病死了，他也是个以悲剧收场的人物。司马迁很崇拜他，为他写了《魏公子列传》。文中有一段很戏剧化的场面，即信陵君听说魏国有一个老隐士侯嬴后，为了把这位隐士招到自己手下，他竟在众宾客面前亲自执辔（马绳）到“夷门”去迎接侯嬴。司马迁问大梁的人什么叫“夷门”，有人告诉他，“夷门”就是东门。

游完大梁之后，司马迁继续往西走，到了洛阳东南方的登封县，他登上了中岳嵩山附近的箕山。他后来写道：“余登箕山，其上盖有许由冢云。”许由是古代的一位隐士，据说尧打算把天下让给他，他一听就奔到河边，狠狠地把耳朵洗了又洗，表示不要听，不肯接受帝位。他死了以后就葬在了箕山上，山下有一处洗耳时留下的古迹。

箕山之游已经算是司马迁这次游历的尾声了，这里距离关中不远，或许他就径自回长安去了。

我们不敢说这次旅行就是为了写史，相信他在那个急剧膨胀的时代，对自己的前途会有各种不同的幻想。他未必已经确认自己要接父亲的“衣钵”。但是从小的耳濡目染，想必使他具有史家的特质及史家所具有的敏锐。因此，不论这次旅行的目的为何，都为他日后写作《史记》储备了大量素材，甚至为某一幕“历史剧”拟妥了剧情大纲，也为它们准备好了布景和道具。

这是一次重要而富于情感和趣味的旅行。

名人名言

道高益安，势高益危。

——司马迁

担任郎中

《史记·太史公自序》中叙述完东南旅游结束归来后，紧接着说：“于是迁仕为郎中。”也就是说东南游历以后，司马迁就踏入了当官的道路，担任“郎中”，不过究竟是哪一年他没有写明。

司马迁二十岁开始游历了大半个中国，以当时的交通工具，花上一两年时间是需要的，所以他回到长安时大概已经二十一二岁。而在他二十二岁那年，即公元前124年，正好汉朝采取了一个建设性的措施——为博士置弟子员，换句话说，为博士招收学生。我们前面说过，司马迁十一岁的时候，汉武帝采纳董仲舒的建议，把各家各派的博士一律取消，只留下儒家的五经博士。这次提

※董仲舒

出招收学生建议的，是公孙弘。他表面是个儒家，实际上是个杂家，法家的成分也很大。

汉武帝在实际政务方面根本就不重用儒生，独独以公孙弘为丞相，其实也是因为这个狱吏出身、“习文法吏事”的公孙弘法家成分很重的关系。他这次提出为五经博士招收学生的建议，显然把先前的“独尊儒术”政策变得更为具体，使学习儒学与人事官道相接通，规定学生毕业成绩特别优秀的可以为“郎中”，而通五经中的一经以上者就可以委派职务了。

知识链接

公孙弘

公孙弘（公元前200年—公元前121年），字季，一字次卿，西汉菑川国（治所在山东寿光南纪台乡）薛县人。小时候，家里贫穷，曾为富人在海边牧豕（放猪）以维持生活。年轻的时候，他曾经担任过薛县的狱吏，因为没有读过书，常发生过失，从而被免职。为此，他来到麓台（今山东望留镇麓台村）读书，苦读到四十岁，又随老师胡母子开始修习《春秋公羊传》（也称《公羊春秋》，儒家经典著作之一）。建元元年（公元前140年），汉武帝即位，便下诏访求为人贤良通文学的人。当时，公孙弘已经六十岁了，他以贤良的名分去应征，被任命为博士。

公孙弘为人雄伟奇异，见闻广博，虽然在建元三年（公元前138年）因出使匈奴后所奏情况不合帝意被免职，但是公元前130年诏令征求文学儒士中，其策奏被汉武帝选为第一，他以70岁高龄再次被拜为博士。公孙弘还善于辩论，通晓文书法律，又能以儒家的学说对法律进行阐述，很快就被提升为左内史。在朝廷议事，他常是提出要点，陈明情况，让皇帝自己决定取舍，并不坚持己见，因此受到汉武帝赏识。他认为君主应胸怀广大，为臣应注意节俭。他自己且能身体力行，睡觉盖布被，吃饭不吃两种以上的肉菜，后母去世他守丧三年。对故人宾客的需求，他却能“俸禄皆以给之”，以至“家无所余”，这很为当时的士人所称道。元朔五年（公元前124年），薛泽罢相后，汉武帝任公孙弘为丞相，封平津侯。历史上丞相封侯者即是从公孙弘开始。

公元前122年，淮南王、衡山王造反。公孙弘认为自己在相位，未能辅

知识链接

佐君主治理国家，有王造反，自己难脱不称职之责。当时公孙弘正染病在身，于是上书皇帝，请求辞掉丞相，归还侯印，以避位让贤，汉武帝没有应允。公孙弘病情好转之后，便再度入廷办理政务，元狩二年（公元前121年）三月，弘以八十高龄卒于相位。

公孙弘虽起身乡鄙却为相数年，其建议设立的五经博士制度标志着儒学在中国封建时代官方统治思想的确立，还标志着中国古代博士制度从秦制“通古今”的顾问官，变成了汉制的“教弟子”的教育官，并且完全由儒家学者所垄断。

※公孙弘对儒学发展起了一定的推动作用，他对孔子也十分推崇。图为孔子墓

司马迁为郎中应该就是由这个官道而当上的，因为本来郎官（郎中是郎官的一种）的来源不外以下几种：

一、高官子弟。汉朝官吏的等级，是以所领的俸米来分的。俸米的单位叫“石”，最高的是三公，属“万石”阶级，其下有两千石、千石、百石等等。按照规定，凡是两千石以上的官吏，就可以把儿子或兄弟选送为郎，例如苏武就是。

二、富家子弟。家财五百万石以上的，可以把家中子弟选送为郎，例如司马相如。

三、具有特殊技能的人。例如戏车的（即能演杂戏之人）或驾车驾得特别好的，或者近似弄臣之类的人可以入选为郎。

从这原有的三种途径来看，司马迁都不可能入选。他的父亲司马谈为太史令，俸禄不过六百石，离两千石标准还有一段距离。而以这样低的收入，第二种情形也是不可能的。至于第三种情形，司马迁更是不可能。所以司马迁应该是由于博士置弟子员这个新办法公布以后，因为成绩好才有机会由博士弟子被选为郎的。

那么，郎、郎中是什么？

秦、汉是中国从春秋战国以前的封建制度，进入中央集权帝国组织的时代。汉朝初年的制度，大多还保有秦时余留的残影。而封建时代，封地是封建领主所有，百姓也是封建领主所有，封地中的政治就是封建领主个人的家务，他底下的官吏其实就是他的家臣，这个习惯遗传到汉朝初期，使汉初的天子王室，与统治天下的政府间，界限并不是很清楚。那个时候，在基本意义上属于皇帝家务官的宦官集团也还没有形成。全国行政与宫廷服务两套制度是并立或交叉互用的。

郎，是随从在皇帝左右的侍卫，味道有点像战国时代的国君或贵族所流行的“养士”或“食客”。

从组织上来说，皇帝以下的官吏最重要的是三公、九卿。三公在汉初是丞相、太尉和御史大夫。而

知识链接

食　客

在古代，寄食于贵族官僚家里，为主人策划、奔走的人称为食客。“食客”之风起于春秋战国之际，“客”者依附于主人，主人则负责“养客”，养客多者达三千余人。

在战国时代，养士已成为上层社会竞相标榜的一种时髦风气。只要是有实力有抱负的国君、权臣，无不以尽可能多地收养门客为荣。

从战国初期的赵襄子、魏文侯到以后的赵惠文王、燕昭王、齐国的孟尝君田文、魏国的信陵君魏无忌、赵国的平原君赵胜、楚国的春申君黄歇、燕太子丹等门下都收养有千人以上的门客。权贵们通过养士的方式可以集中大量人才，既能迅速抬高自己的政治声誉，以号召

知识链接

天下，又能壮大自己的政治力量，以称霸诸侯，所以他们争相礼贤下士，不拘一格地网罗人才。士在战国时期的政治、经济、社会生活中起着举足轻重的作用。养士之风还造就了战国社会重视人才、重视知识的风尚。

九卿则为：太常、郎中令、卫尉、太仆、廷尉、大鸿胪、宗正、大司农及少府。

其中廷尉管刑狱司法，大鸿胪管外国事务，大司农管国家财务，三者都算是属于全国行政性质的。其余的，太常管宗庙礼乐及医药等，郎中令及卫尉管宫殿侍卫，太仆管皇帝出门的车马，宗正管皇族事务，少府管山海池泽的税务，而这些税归皇帝私家所有。这六者皆属宫廷服务性质的。

郎就是后六者中管侍卫的郎中令的属官。“郎中令”在汉武帝太初元年（公元前104年）司马迁四十二岁才被改为“光禄勋”。同是侍卫，郎中令和卫尉不同的地方在于：卫尉是驻守在宫殿的卫队队长，以所驻守的宫名为官名，例如甘泉宫卫尉。郎中令则是管宫殿门户（不是正门，而是左右偏门）的主官。其属官有大夫、郎、谒者等。其中真正管门户的就是郎。除了管门户，皇帝出门的时候，他们列成车马队侍从。此外，他们因为平常居住在宫中，皇帝出门时也常随从左右，所以是皇帝身边现成的顾问。皇帝有什么事情，也常差遣他们去执行。他们在行政上没有固定职务，没有办公室，也没有一定的名额，多时人数达上千人，完全是由皇帝自由决定他们的任务和人数。郎又分为议郎、中郎、侍郎和郎中四等，其中除了议郎职为顾问应对，其余的都要轮值守卫宫门，皇帝出门的时候则为侍从。

司马迁担任的郎中，就是这种性质的官。

有一点很值得注意，郎在当时是很受重视的晋身台阶。由于科举制度还没有建立，汉朝中、下层官员的主要来源，一个是各政府机关的办事人员，另一个就是郎。前者往往被富人豪门独占，后者若不是祖宗的庇荫，也是家财万贯的人才有可能担任。

司马迁运气不错，正好博士弟子员制度使他有机会踏上这个令人羡慕的跳板。这个跳板因为由皇帝亲自控制，前途非常被看好，也是他向仕宦之途踏出的第一步。

究竟他在哪一年成为郎中，到目前还没办法确定，以他二十岁出游，二十一二岁回长安计算，最快也要在二十二三岁才有可能。

从此，司马迁和父亲司马谈一同在宫内任职，只是单位不同。他父亲是太常的属官，他则是郎中令的属官。由于在宫中任职，他有更多的机会可以直接接触一些有名气或有才学的人士，如孔安国、董仲舒，也有人认为就是在这段时间，司马迁才开始和他们接触的。

※宋代科举考试

汉武帝热衷封禅

尽管关于司马迁在哪一年当郎中这件事还有争论，但最迟应在二十八岁那年已当上郎中是毫无疑问的。从这一年开始，到十年后接替他父亲任太史令，甚至其后的几年，司马迁经常随汉武帝到处巡游，而这些巡游，可说绝大部分都是为了求神仙。又由于这些举动到最后间接造成此时期司马迁的一件大事——他父亲的死，我们有必要对这件事的背景及经过作一番了解。

秦汉紧接战国，而汉朝开国后，由于经历过暴秦的过激统治，人们一旦获得舒解喘息，很自然地会怀念战国时代的种种。这一现象，对于一个朝向大一统发展的帝国统治者来说，并不是一件好事，所以才会有汉武帝压制养士之风及罢黜百家，独尊儒术。而儒术之所以会被独尊，除了我们已说过的，它重礼制，谈王道，帝王可因而获得美名以外，儒家还有两个优点：一个是儒者通晓古代

※河南洛阳汉武帝陵内的汉武帝塑像

※阴阳图

典籍，而且有一套自成体系的治国理想和制度的主张；另一个是儒家的学说含有各家思想的源流，容易加以引申附会。因此各家虽然被罢黜，仍然可以在儒家的大帽子下改头换面继续存在。

事实上，各家各派的成立，本来就是经过长时期的孕育才形成的，如墨家的创始人墨翟，本来也是孔门弟子；初期法家人物及后来的法家名人韩非、李斯，也是受业于儒者。由这些渊源，我们就可以知道他们要改头换面，并不十分困难。

汉朝甚至以后历朝历代，在儒家帽子底下能够大盛风行，而且历久不衰的，要数阴阳家为第一。促成独尊儒术的大儒董仲舒，就是个典型的“阴阳家的儒家”。

若论到阴阳家之所以能够造就如此的局面，就要归因于它学说本身原是一种架构、一种基础之学。好比数学，学通了它，可运用到其他学问。同理，用其他各家的理论，加到阴阳家的架构上，就会有新的面貌出现，它保住了自己，也发扬了他人。阴阳家之所以能够成为一家，是肇于战国时代的人历经数百年战乱，对时局绝望而沦入宿命式的期待心理。他们期待盛世的到来，当然更希望知道盛世到来的公式，以求更能安身立命。阴阳家的五行终始的学说，正好满足了这种心理的需求。五行（水、火、木、金、土）的学说始于何时，无法考证。阴阳家用五行、四方（东西南北）、四时（春夏秋冬）、五音十二律、天干地支等，相互配合排列，从而构成一个宇宙架构。五行的属性叫五德，五德轮流支配这个世界，当某一德轮值的时候，就由代表该德的朝代兴起而统治天下。如何证明某人某朝可以代表哪个德呢？那就要看当时出现怎样的祥瑞了。

这种理论使战国时代人们的期望，变得较为具体，同时也成为各国替代周朝而统一天下的理论根据。本来，这是一种迷信思想，

※黄　帝

是一种“术”，所以跟原来就有的一些迷信行为很有关系，也很容易结合。因此，阴阳家可以发展成一套宇宙政治哲学，同时也会变成占卜炼丹的“方术”。它能与儒家合而为一，当然也能与道家相结合，何况道家本来也爱讲阴阳，如老子的“道生一，一生二，二生三，三生万物，万物负阴而抱阳，冲气以为和”。

所谓“方士”原是指方外之士。方是指现世的领域，方外就是超然于现世之外，不理世事，是隐者。这些道家思想的隐者往往隐居在山林之中，漫长岁月如何打发？阴阳之术正好可以供他们消遣。于是他们不仅懂阴阳，而且还有所发明，各种长生术就是他们的杰作。这些技术难免会流传出来，造成一批也称作“方士”的人。他们不一定隐居，或隐居后复出，用这种神秘的长生术，谋求个人名利，为了与绝意仕途的方外之士有所区别，我们可以称他们为方术之士。

这种阴阳家的形态，在战国末年开始大行其道。而那些始终隐居在山林之中的发明者，在这些大谈长生术的方术之士的口中，就变成长生不死的神仙。战国时代各种学说，喜欢托附于黄帝，这批人也把黄帝描述成一个懂得仙道，最后升天而去的神仙。

秦始皇的暴政，把很多贤能的人逼到深山去做隐士，同时也从深山造就出更多的“神仙”和方术之士。方士除了懂得丹药以外，还会经过改良后的占卜术以及导引术。导引术也是一种长生术，可以治病，“引挽腰体，动诸关节，以求难老”，注重肢体运动与呼吸的配合，说是可以使气血充足，身体轻举。用现代话说，是一种健身运动。

在秦以前的方士中，仍不乏以方术吸引人君，然后试图施展济世理想的人。但后来，或许他们的形象已被固定，而且难为人们所接受，加上人君对他们最大的兴趣，还是在求仙药、求神仙之道。因此方士这种形态的阴阳家，自然被定了型。他们一旦融入了道家的宗教化活动，就变成后世所定义的“道士”。至于阴阳家的严肃面，则融入儒家学说里面，继续影响中国。

司马迁所处的时代，是融入儒家的阴阳五行思想畅行的时代，同时也是与汉初最被尊崇的黄老之术已紧密相结合的方士大肆活动的时代。这个时候的方士，仍停留在以神仙之说迷惑皇帝等上层社会并求取个人名利的阶段，尚未参与道家宗教化而向民间发展。很重要的一点，是他们取代了原来有的巫祝之流，而掌握了上古宗教活动的复活运动，并且按照他们的理论将之赋予了新面貌。

造成他们大肆活动的原因之一，是汉武帝敬鬼神、求神仙的欲望。汉武帝的求神仙，并不是到了老年才开始的，而是从青年开始一直求到老年，简直可以说一辈子都在求神仙。《史记》本来没有汉武帝本纪，后来褚先生（褚少孙）将《史记》的《封禅书》加以剪裁，而补成《武帝本纪》。《封禅书》记载的是宗教祭祀的事情，除了前半段以外，其余的都可以说是充满了可笑迷信色彩的汉武帝求仙史。用《封禅书》剪裁成的《武帝本纪》，自然就“仙”味十足了。

※河南洛阳汉武帝陵

封禅与求仙本来是两回事，汉武帝的求仙会在《封禅书》里看到，正是方士导演的结果。这个结果间接造成了司马迁父亲司马谈的气愤而死。

首先，我们来了解什么是封禅。有人认为封禅是：“泰山上筑坛以祭天，报天之功，故曰封。泰山下，（泰山旁的）小山上除（扫也）地，报地之功，故曰禅。”《五经通义》云：“易姓而王，致太平，必封泰山。禅梁父（泰山旁小山名），天命以为王，使理群生，告太平于天。报群臣之功。”照这个说法，封禅大典是改朝换代而至太平的时候，新朝代的天子向天地报告（或说报到）的一种仪式。

另一说封禅纯为阴阳家和方士

※管仲纪念馆前的管仲立像

所伪造。持此说之人认为，三代以前无所谓封禅，并认为《史记》的《封禅书》中所记齐桓公以诸侯身份，而想行天子才可行的封禅大典时，管仲颇费唇舌地加以制止的章节，根本也是伪造的，司马迁只不过是予以转录罢了。

伪造之说是有可能的。我们查考《古今图书集成》《礼仪典》的天地祀典部，可以发现，在秦始皇以前，根本没有“封禅”这两个字。不过，基本上，或说广义的封禅是一种祭天大典则是没有疑问的。古时候，祭天大典叫作“郊”，郊就是城郊，也就是说祭天是在城郊（南郊）举行。所以《汉书》把《史记》的《封禅书》改称为《郊祀志》，似乎更能直接表达它的意思。如果说“郊祀”是以祭天的地点而命名，则“封禅”就是以祭天地必须除地、筑坛而命名，除地就是把城郊预定要行祭典的地方整理干净，然后在上面以土筑成祭坛。

古时候祭天与祭神鬼是有区别的。祭天必定是在祭坛上露天举行，而祭神鬼的所在地叫作“庙”或“社”。祭天的时候，必须在坛上燃柴火（叫作燔），上面放两条牡牛（公牛）和玉，让烧出的气味随火气上升。有人指出“郊祀”其实本来应该是“烄祀”，就是烧柴的意思，后世因为祭天必在城郊，所以就借用“郊”字，而废去“烄”字。

这种烧柴而祭的叙述，在基督教的《旧约》里也可以看到。《旧约》中《利未记》第一章：“耶和

※为了祭天建筑的天坛

华从会幕中呼叫摩西，对他说……供物若以牛为燔祭，就要在会幕门口献一只没有残疾的公牛……要在耶和华面前宰公牛……要奉上血，把血洒在会幕门口坛的周围，那人要剥去燔祭牲的皮，把燔祭牲切成块子……要把火放在坛上，把柴摆在火上……要把肉块和头，并脂油，摆在坛上火的柴上，但燔条的脏腑与腿，要用水洗，祭司就要把一切全烧在坛上，当作燔祭，献与耶和华为馨香的火祭。”

又据近人研究，中国的封禅（指广义的封禅，即泛指天地鬼神的祭礼）是由两河流域分别于约公元前27世纪的黄帝时代、公元前10世纪的周穆王时代、公元前5世纪的战国时代、公元前2至3世纪的秦汉时代传入中国的。

关于两地交通的证明，他们提到屈原的《天问》《离骚》中，有类似巴比伦空中花园的描述。还有汉武帝为求神仙而建造的通天台，是仿照空中花园七星坛而建筑的等，看来都具有相当大的说服力。不过，他们着重的是祭坛建筑，以遗物和相关记载互为参证。至于这些祭典的用意，则没有涉及，只在“是祭祀天地鬼神”的基本意义上发展。

知识链接

封　禅

封禅是中国古代帝王为祭拜天地而举行的活动。

在中国古代政治制度中，封禅可说是最盛大但也争议最多的一项典礼。所谓“封”就是天子登上泰山筑坛祭天，而“禅”则是在泰山下的小丘除地祭地，向天地宣告人间太平。民初疑古派的史家认为，封禅纯粹是战国至秦汉间，一些阴阳家和方士凭空杜撰，并为好大喜功的君主利用来巩固政权、夸侈政绩的活动。但从近年考古资料来看，其起源或可追溯到新石器时代先民筑坛祭祀的习俗，是非常悠远的。

中国古代帝王为加强自己的统治，不约而同地宣传“神权天授”的理论。为了使这种理论得以证

知识链接

明，便有了封禅泰山的活动，使泰山祭天的作用得以延续。封建统治者的这种行为让泰山在人们心中的神山地位进一步强化，封禅成为每代帝王一生必须做的大事之一。

黄帝营建了明堂以祀上帝，开了中国古代营造祭祀建筑的先河。以后，中国历代的统治者几乎都建造了专用于祭祀皇天上帝的祭坛。周有明堂，秦有四畤，汉有甘泉宫，唐、宋皆建有圆丘，元世祖定都大都（今北京），于丽正门外筑坛祭天，元成宗时于大都城东南建成郊坛，合祀天地。

雄才大略的秦始皇灭六国，一统天下，结束了列国征战的混乱局面，建立了统一的大帝国——秦朝。自信傲岸的秦始皇并未忽视天帝的存在，秦王朝于国都立四畤用于祭五方天帝。他还曾亲赴泰山封禅，虽然那只是为了标榜他自己的伟大功绩，并没有多大诚意，但也反映了天帝在当时社会政治生活中的地位及影响。

唐宋之时，封禅礼仪更加完备，唐玄宗李隆基也曾“封祀岱岳，谢成于天”，一改以前帝王封禅诰文秘而不传的规则，并说明本次是为天下苍生祈福，于是将此次的封禅诰文宣告于天下；宋真宗封禅泰山之时，欲借天意来威慑外敌，故导演了一幕“天书由天而降”的闹剧，自此之后，帝王泰山封禅的历史也就戛然而止。

我们说封禅极可能是阴阳家和方士所伪造的，着重的是封禅的目的及他们所指定的封泰山禅梁父（泰山旁的小山）。这一点，我们再说明如下：

秦汉以前的祭祀，在西周以前，都严守阶级的划分，只有天子才能祭天地，也就是说只有天子才有资格行郊祀的祭祀。诸侯只能祭他的封土领地内对人民有益的山

※泰　山

林川泽，例如鲁国的山、晋国的河、楚国的江汉等等。祭天的次数没有固定，但大体上，春夏秋冬四时的祭祀差不多是固定的，可说是常祭。除四时的常祭以外，还有其他非定期的祭祀，例如巡行各地之前，到达之时，或出征之前，天子即位之时，以及天灾地变时为祈福免灾，都可以郊祭天帝。

至于他们指明在泰山举行，这可能与阴阳家发源于齐地（山东半岛）有关，而齐国之所以多出一些阴阳术士及好神仙之流，则与它的地理位置有关。因为齐国濒临渤海，在春夏之交的季节，有时可看到海市蜃楼奇景，其变幻无穷，引起齐人的种种幻想，因而就有关于神仙的传说。泰山就在山东半岛，他们设计的程序，当然会定在此地。

此外，秦汉方士在混乱中又赋予“封禅”另一个意义，说它就是不死之术，而且还定出一套程序：祭龟则可以致鬼物，致鬼物以后，丹砂就可化为黄金，黄金成，则可以把它制成饮食器，饮食器拿来饮食可以益寿，益寿以后，就可以看到海中的神仙，看到神仙以后去行封禅大典，然后可以不死。这个意义和程序不用推测，可以肯定地说是纯属伪造，是无稽之谈。

在司马迁的时代，对于前一种可能也是伪造的封禅的意义，普遍是接受的，但是与五畤取代古郊祭一般，人们对封禅的内容、仪式，都感到迷惑，从而容易陷于混乱。到底社会已经转变，汉人不像周人那样世世用心于祭祀的事情，唯恐获罪于天；而且中间隔着数世纪的动乱时代，很多礼仪早已失传，加上那种封禅可能根本就没有过，人们真是莫知所从。所以，司马迁在《封禅书》一开头就言明“其仪阙然湮灭，其详不可得而记闻”，而后让神仙说的封禅充斥于后半段。

汉朝开国之初，由于天下初定，百事待举，有关祭祀的事情，高祖大多令秦朝所留下来的主管祭祀官员，依照秦例办理。改正朔（正就是正月，朔就是初一，正朔也就是年首，照阴阳家的说法，新朝代的年首要配合五行更改）的问题，也没有按照所谓符瑞来定，只依据他十月份在霸上（就是白鹿原，在长安县东）立为汉王，就承秦制仍以十月为岁首。当时的气氛，似乎也没有人认为是封禅的时机。

到了汉文帝时代，有个鲁地的叫公孙臣的人上书，认为汉应当是土德，是土德则会有黄龙的祥瑞，主张要改正朔、色尚黄。可是当时的宰相张苍认为汉是水德，他说黄河在金堤（今河南滑县之东）决堤就是符瑞，年首是十月没错，色要外黑内赤。官大学问大，他这么一说，公孙臣的说法马上被认为“非是”。但没想到第二年，在李广的家乡成纪（今甘肃省泰安县北，相传伏羲氏也在此出生）有人看见黄龙，消息传到京城，汉文帝马上把公孙臣找回来，拜为博士，开始草拟改历及易服色的事情。并且第一次（汉朝）由皇帝亲自主持郊祀。改历及易服色，照前述步骤，已经是封禅的前奏了。可是在封禅仪式的日子即将临近之时却发生了一件事，使汉文帝放弃了所有有关的筹备工作。

当时，有一位赵地的人叫新垣平，善于观气。他说长安东北有神气，由五色彩云组成，像人戴帽子的样子。他说那必定是神明住的地方，建议汉文帝要在那个地点建五帝庙。汉文帝采纳了，而且积极要求博士诸生开始策划封禅事宜。

后来新垣平花样越来越多，他对汉文帝说：“据说周鼎沉在泗水中，现在黄河决堤而与泗水相通，我看京城东北方的汾阴（今山西省万荣县荣河镇庙前村，在黄河旁，也就是司马迁出生地龙门的对岸）有金宝气出现，周鼎似乎会在那里。有微兆而不设法相迎，恐怕就没法实现！”

于是汉文帝就下令在汾阴的南面靠黄河的地方盖庙，准备迎接周鼎出现。可是有人上书说，新垣平所说的都是假的，究竟上书的人如何使汉文帝认定是假的，史书上没有详细记载。不过，汉文帝算是没有执迷不悟，他杀了新垣平，还抄了他的家，不再热心鬼神的事情，连带地改正朔、易服色、行封禅的事情，也全部停罢。他儿子汉景

※鼎在古代同样是权力的象征

帝在位十六年间，仍保持同样的态度。有关祭祀祖宗的事情，也是让相关官员按时代表进行，没有什么新的措施。

汉武帝即位以后就不一样了。他年纪轻轻就对鬼神的事情特别有兴趣，而汉朝开国已经有六十年了，要改正朔、易服色及行封禅大典的呼声也越来越高。我们推测当时天下人之所以提出这种呼吁，可能有几种心理：一种是受阴阳五行学说笼罩下的气氛的影响，认为人与天必须一致，才会达到调和而获得幸福。天既然是土德“轮值”，而土德尚黄（当然，还有其他配合措施），则人间就不能与天相违背。另一种心理可能认为封禅是一种肯定，是对新朝代或新盛世的承认。汉紧接在暴秦之后，代表秦政的水德尚黑、以十月为岁首，如果不加以更改，他们心中是不会平静的。而秦始皇登泰山却封禅不成，也使他们有兴趣看看自己的汉皇帝成不成。成了，似乎能让他们多一分安心。

另外还有一种心理是：封禅肯定了时代，同时也就是肯定了行封禅的皇帝，既然说受命而有功有德的人才有资格封禅，则鼓动某一位皇帝行封禅，不就是一种歌功颂德的“马屁经”吗？表面上说天下已经有多少多少的祥瑞出现，皇帝您应该封禅，以便与天相应。实际上不就等于说您真伟大，天都已经出现这么多祥瑞与您的功德相应了？所以难怪司马相如死前留下一封劝汉武帝封禅的遗书。汉武帝看了又听到左右的人加以强调以后，就“沛然（感动的意思）改容”说：“愉乎！朕其试哉。”也难怪有人要怀疑司马相如临死还要拍马屁！

※汉文帝

这里要指出的是，司马相如是否拍马屁姑且不论，但汉武帝的高兴则是千真万确而毋庸置疑的。不过，不要误会就是这种被歌颂的快乐而使他决心去举行封禅大典，汉武帝是个“内心多欲而外饰以仁义”的人。他的做人处事，往往都呈现出多面性，表面是一套，内心又是一套，但最终他还是抓着他认为对自己最有利的那一套。到泰山封禅这件事，他要面临两种人的影响：一类人是，他们希望肯定时代、肯定自己，同时也歌颂了皇帝，但大体是在阴阳家设计的理想里头思考。另一类人就不同了，他们也和阴阳家有关，可是满脑子不是理想，而是幻想、妄想。他们不是要肯定时代，而是要肯定未来；他们不是要歌颂皇帝，而是要引导皇帝，要皇帝通过封禅变成神仙，然后最终他们仍然要肯定自己，要获得名利。

对汉武帝来说，后者的吸引力比前者要来得大，这是由于他认为后者对自己比较有利。显然这个吸引力已经使他达到迷惑并且到了执迷不悟的地步，司马迁对这一点有很明显的“暗示”。譬如司马迁二十七岁，李广自杀的那年（公元前119年），有个齐地叫少翁的人，会方术，他有办法使汉武帝在晚上看到已经死去的宠姬王夫人。汉武帝一高兴就拜他为文成将军，并且以客礼待他，而他也使出浑身解数来表现自己，为汉武帝设计各种方法以便与神仙相通，说皇宫所用的东西都没个神仙的样子，神仙是不会来的，于是他就为皇帝画云气车，而且哪一天驾哪一种颜色的车，都要依据五行相克相成的道理加以排定。又建造甘泉宫，画天地泰一诸神（泰一神据方士的说法，是天帝中最为尊贵的）的画像，煞有其事地大祭特祭。可是弄了半天，神仙还是没来。这位术士在黔驴技穷的时候又使出了一记怪招，写一些怪言怪语在绢帛上，把它喂进牛肚子里头，然后假装什么都不知道，指着那头牛神秘地说“此牛腹中有奇”，命人杀牛剖腹，果然有“奇”。但却被认出来是他自己的笔迹，汉武帝一怒之下就把他杀了。

本来这个时候如果汉武帝及时觉悟也就好了，可是偏偏他对神仙之道仍然存着强烈的幻想，杀了文成将军后，他反而怀疑自己是不是杀错了，并且对于文成将军没能完成他的求仙计划感到很可惜。所以，后来有人推荐另一个能言善道的方士乐大给他，汉武帝又乐得睁着眼睛说瞎话，把文成将军的死说成是吃马肝死的来安抚方士的心，免得方士不敢再言神仙之道。这一招跟霍去病射死李敢，却被汉武帝说成被鹿角触死的，有异曲同工之妙。他是不能让任何理由阻挡内心的欲望的。

形势非常明显，在举行封禅大典这件事上，求仙派是比报天派要强得多。造成汉武帝倾向求仙派的原因在于：谁也弄不清封禅是怎么回事。当年秦始皇想要封禅，就碰到同样的问题，有儒生博士七十多人对封禅的礼仪议论纷纷，最后秦始皇管不了这么多，就仿照在五时祭祀（当时为四时）四天帝的礼仪，硬着头皮举行。究竟他仿照而制定出来的礼仪是什么样子，司马迁说：“封藏皆秘之，世不得而记也。”根本没人知晓。既然大家都不知道是怎么回事，这种时候谁会扯、敢扯，谁的建议就能够得到采纳。

所谓报天派，即认为易姓而王并致天下于太平，然后要进行封禅大典以便报给上天，是战国末年以来，社会上普遍接受的观念，主要的领导者是接受阴阳五行思想的儒生。儒生最重视礼仪，最尊崇古礼，但也最拘限于古人，所以报天派虽然最有群众基础，却也是最不会扯，也最不敢扯的一群。

反之，那批来自齐国的求仙派，本来就是一脑子奇谈怪想，想的都是毫无根据，也不需要根据的幻想，谈的当然就可以漫无天际，甚至见人说人话，见鬼说鬼话。反正信则有，不信则无，信不信都在听的人。说到汉武帝的信神，司马迁也毫不客气地调侃。他描写汉武帝信神君，神君是谁？她不过是长陵（汉朝的县名，故城在今陕西省咸阳市东，汉高祖的坟墓长陵就位于此地）的一个女子，因为生孩子难产死掉了，据说死后变成神，在她的妯娌面前现身，于是她的妯娌就在家里把她供奉起来，附近的居民都跑去拜她，都说很灵。汉武帝的外祖母臧儿，听说就是因为崇拜她、信奉她，所以才有后来的荣华富贵。

汉武帝即位后，常常赐给神君厚礼，并迎奉到宫中。后来汉武帝曾经有一段时间生了重病，群医都无法医治，倒是问了神君以后才获得痊愈，从此他就更信神君了。神君对人的指示“闻其言，不见其人”，声音与普通人一样，时来时去，有时白天说话，但大部分在晚上。汉武帝郑重其事地派人把神君说的话记下来，命名叫“画法”，意思是策划之法。司马迁说：“其所语，世俗之所知也，无绝殊者，而天子独喜。其事秘，世莫知也。”汉武帝把神君所说极为平常的话都当成了宝贝，还把它记录成书，真是信则有！

就是因为汉武帝太相信了，所以尽管曾经因为发现有蒙混欺骗的行为而杀了一些方士，但他总认为方士的方术有可能是假的，或者道行不足，但神仙假不了。而那些方士，一批一批接上来，一批比一批更能摸透汉武帝的心，也更知道如何准备在必要的时候能够下得了台阶，在无功也不致犯过中浑水摸鱼。于是，求仙派一天天掌握了汉武帝，而报天派却一天天失去了影响力。以致后来到了重大节日都由求仙派策划，而报天派只有在底下帮忙"打杂"，成为可有可无的可怜虫。关于方士向汉武帝提出的求神仙长生不老的步骤，最早的是在汉武帝二十四岁、司马迁十三岁那年（公元前133年），齐地名叫李少君的人终于分成了以下几个步骤，即前文曾提到的祭龟致鬼物；丹砂化为黄金；黄金制成食器用其可益寿；见海中蓬莱仙者，最后一步是封禅。

我们分析这些步骤，益寿以

※蓬莱仙岛

前的三个步骤算是一个阶段，也就是要达成基本条件——长命。先长命然后求不死，如何不死？要见仙人，与仙人沟通，然后举行封禅大典。长命才能见仙人，表示见仙人不容易，要耗费很长时间，必须要有耐性。那么，怎样才算长命？老实讲还活着的人根本找不出一个分界点，所以益寿的努力与求见神仙可以同时并行，益寿长命等于只是防万一，求神仙的人会认为自己可能不需要益寿就能见到神仙而后达到不死的目的，那就无所谓需要益寿的问题了。因此，整个求长生不死成仙的过程，最急于要做的就是求神仙和封禅两个步骤。

李少君在世的时候，据司马迁的记载，他所从事的不过是益寿和求神仙，还没提到筹备封禅，可见他是把求神仙放在封禅前面。李少君病死后，"海上燕齐怪迂之方士，多相效，更言神事矣"！燕国大约在今河北，与山东半岛的齐国同样靠海，同样产生一些好神仙的怪人，并称燕齐之士。他们知道皇帝想求仙长生不死，就一个个跑来呈献求仙的方法。司马迁只记了几个较特殊的人物，例如汉武帝三十八岁那年（公元前119年）的少翁、四十四岁那年的乐大，他们所做的大体以求神仙为主。但是汉武帝

※和后世多数皇帝一样渴望求仙长生的秦始皇

四十四岁那年（公元前113年，司马迁三十三岁），汉文帝时代那位赵人新垣平所说的宝鼎，果然在汾阴被挖掘出来，据说汉武帝派人前去调查证明了“无奸诈”。这件事在当时想必引起相当大的轰动，因为这是一个极大的祥瑞，呼吁要进行封禅的声音此起彼伏。

这时有一个更聪明的齐人公孙卿提出了他的说辞，他说他握有申功（申功也是懂神仙的齐人）传给他的札书，书上预言汉朝的圣者“在高祖之孙且曾孙也”，那就是汉武帝。又说宝鼎出就能够与神相通及封禅，“汉主亦当上封（泰山），上封则能仙登天矣”。这段话等于预言宝鼎已出肯定汉武帝必定能顺利封泰山。

但是他接着说：天下有名山八个，其中有三个在蛮夷，有五个在中国。在中国的五山是华山、首山、太室、泰山、东莱，这五座山是黄帝经常巡游而且与神仙相会的地方。黄帝且战且学仙，恐怕百姓非议，凡是非议的都加以处刑。经过一百多年，终于和神仙相通了，最后在鼎湖成仙而去。

这等于为求长生不死成仙的过程又立下了几个条件：第一，必须经常到中国境内的名山去巡游。第二，巡游只是有机会与神仙相会而已，要成仙还得与神仙相会并达到相通的地步才成，所谓相通就是学通。第三，黄帝学了一百多年才与神仙相通，意思是必须有耐心；而不准百姓非议，就是要有决心。这三点等于是把求神仙和学仙，变成一个无限期的“大事业”，比最初李少君所说的“海中蓬莱仙者可见，见之以封禅则不死”似乎复杂得多，但汉武帝求了二十年还没有求得，求仙复杂的观念，他可以很容易地接受。尤其公孙卿提出来的办法，又是黄帝，又是五名山，又是一百多年，人物、地点、时间等，说得头头是道，比其他说法具体得多，怪不得汉武帝听了高兴地说：“吾诚得如黄帝，吾视去妻子，如脱屣耳!”

还有一点值得注意，公孙卿指出黄帝成仙而去是在鼎湖（这个地方是后世传说黄帝铸鼎然后成仙之地，并因之而命名，在今河南境内）而不是在行封禅的泰山，配合李少君说的“封禅则不死”与公孙卿说的“上封则能仙登天矣”，我们可以发现公孙卿已经把前者所说的步骤修正过来了。前者把封禅列为最后一个步骤，而公孙卿则只把封禅当作必要条件，而不是最后一步，他说的最后一步是较为含糊的“与神仙相会且相通”，说穿了，他这一招与李少君说的要先益寿才能见神仙，表示神仙不易见，同样是预留着弹性以求自保，只是比前者弹性更大，更为无止境。但是他的说法与当时宝鼎出，天下祈望封禅的趋势正好配合。

《史记·封禅书》记载汉武帝真正决心并下令筹备封禅大典时这样写道：“自得宝鼎，上与公卿诸生议封禅。”可见得是获得宝鼎以后才作决定的。好大喜功的汉武帝，怎么会在登基之后的二十七年，而且已经痛惩匈奴十四年了，还有距离司马相如遗书劝封禅也已经五年了，才下此决心呢?

方士论调的适时改变，应该是有影响的。

公孙卿算是一位未出大纰漏

※黄帝塑像

而能够长时间保住性命的"聪明"方士，他出的点子汉武帝也大多采纳了。他那一席话使汉武帝欢喜以后，汉武帝就拜他为郎，命他到太室山（河南境内，中岳嵩山的三尖峰之一）去预备，等神仙出现就请汉武帝去会面。汉武帝本人则依照他的说法，到各名山及其他黄帝去过的地方巡游。

第二年（公元前112年），武帝到雍（今陕西凤翔县南，是春秋时代秦国的首都）祭祀五时，三十四岁的司马迁也在侍卫队中随行。五时的祭祀在此次以前汉武帝已去过四次了，最近的一次就在一年前。

祭完五时继续西行，越过陇山，到雍西北方的崆峒山。现在的崆峒山，海拔2123米，司马迁在《史记·五帝本纪》中写道："余尝西至空桐（崆峒）。"指的就是这一次随驾旅行。又说："（黄帝）西至于空桐，登鸡头。"总之，汉武帝是怀着求仙的心情而来的。司马迁则趁着这个机会，问当地的老人有关黄帝的一些传闻。

从崆峒回来，又到长安西北方，今陕西淳化县西北的甘泉山，这是方士口中的圣地，说黄帝曾在这里"接万灵"。汉武帝在这里立了"泰一畤坛"，据说祭祀的时候，"畤上有光"。司马谈以太史令主管天时星历及祭祀的立场与祠官宽舒，奏请在甘泉立"泰时"，与雍的"五时"遥遥相对。按照方士的说法，泰一是最尊贵者，五时所祭祀的五帝不过是泰一的辅佐。因此，从这时起甘泉的"泰时"成为西汉时代祭祀天帝神祇最重要的圣地。

※秀美的崆峒山

奉命出使西南

崆峒之行过了一年（公元前111年），三十五岁的司马迁，以郎中身份“奉使西征巴蜀以南，南略邛、筰、昆明”，这事关系到汉武帝经营西南夷。所谓西南夷，以现在的省份划分来说，大约指云南、贵州和西康东部与四川交界一带以及四川西南部。汉武帝注意到西南夷，是由经营东瓯（浙江南部）、南越（两广和越南）而引起的。司马迁十一岁时（公元前135年）汉武帝平定闽越后，派唐蒙晓谕南越（因为汉军打闽越是因为南越受闽越威胁）。唐蒙到了南越才知道南越西北有个夜郎国（今贵州北部桐梓、遵义一带）。这时南越还没有并入版图，唐蒙建议和夜郎国结成盟友来挟制南越。汉武帝就派唐蒙率兵千人，以赏赐和威吓双管齐下，使夜郎和它旁边的小邑归附汉朝，于是汉朝就在这里设置了郡治。

当时蜀人司马相如认为邛都（今四川东南的西昌一带）及筰都（今四川东部的汉源县一带，在四川成都的西南方）也可以置郡，于是汉武帝命司马相如以郎中将前往劝说那些小邦归顺汉朝，邛都、筰都由于贪图汉朝的赏赐也就答应了，汉在那里设置十几个县，隶属于蜀郡（成都）。后来这些西南夷又渐渐不听话了，经常反叛。由于这时候汉朝正在集中全国的力量对匈奴发动战争，因此，汉武帝就采纳了公孙弘的意见，放弃西南夷的经营。到司马迁二十岁那年（公元前126年），历尽了千辛万苦回到长安的张骞，带回一项讯息，又引起汉武帝对西南夷的兴趣。他说他在大夏（西域古国之一，位于兴都库什山北麓及阿姆河一带）时曾看到邛都所产的竹杖和蜀郡所产的布，而大夏人说那些东西是从身毒（印度）买来的。又说大夏在中国的西南方，非常仰慕中国，若能够打通蜀郡到印度的通路就方便多了。

于是四年后汉武帝派遣使者，计划从西南夷地通往印度以连大夏。结果那些夷人从中作梗。滇国（在云南滇池一带，是战国末年楚国将军庄蹻因走投无路而建的国家，原来汉朝并没有注意到它）和夜郎国的君长都问汉朝使者“汉朝大还是我大”，一个个都是不服气的样子。汉朝使者只好回报汉武帝，并强调滇国算是个大国，值得经营。《史记》描写汉武帝听了以后，说：“天子注意焉!”

十年后，司马迁随着汉武帝到崆峒那年（公元前112年），南越反叛了。这一年距离卫青、霍去病最后一次大规模攻打匈奴已经有七年。那次征伐迫使匈奴逃到远方去了，此后北方有二十年没有大规模的战事。汉军虽然因上次征伐失去大量的马匹而实力受损，但对付南越这种国家还是绰绰有余的。

在平定南越战争进行中，汉朝除了派水师从现在的湖南、江西南下以外，也以宗主国的权威，命令西南夷出兵助阵。这些西南夷小邦却并不听话，其中有个小邦且兰

知识链接

滇　国

滇国是我国西南边疆古代民族建立的古王国，其存在时间约为战国到秦汉时期。滇国的疆域主要在以滇池地区为中心的云南中部及东部地区，境内的主体民族是中国古代越系民族的一支，被历史学家惯称为滇族。

西汉武帝时期，汉王朝致力于开发西南地区，并于元封二年（公元前109年）发兵滇国，降服了滇王，建立了益州郡，同时赐“滇王之印”并允许滇王继续管理他的臣民，滇池地区正式纳入了汉王朝的版图。东汉中期，随着汉王朝郡县制的推广、巩固以及大量汉族人口的迁入，滇国和滇族被逐渐分解、融合、同化，最终消失了，古滇文明彻底失落。

※汉时兵器

（今贵州省贵阳东北的平越县一带）说是恐怕邻国会趁它发兵的时候来打劫而抗命，并且杀了汉朝使者及犍自己当上了郡太守。这些西南夷君长不知道这时汉武帝“闲”得很，自己竟然闯下了大祸。结果，第二年南越国被平定了，汉朝在那里设置了九个郡。汉武帝对西南夷“食指大动”，派郭昌等人攻击西南夷，杀了且兰及邛都、筰都诸君主。西南夷各小邦这才如梦初醒，纷纷请求归附。

司马迁所说的“奉使西征巴蜀以南，南略邛、筰、昆明”，指的就是这个时候。他去做什么呢？《史记》没有详细的记载。但我们可以推测他的任务，与当年的司马相如应该是差不多的，即汉军杀了三个小邦君主示威以后，由他（或还有

知识链接

南越国

南越国又称为南越或南粤，在越南又称为赵朝或前赵朝。

南越国是公元前203年至公元前111年存在于岭南地区的汉朝境内的割据政权，国都位于番禺（今中国广州市内），疆域包括今天中国的广东、广西两省区的大部分地区，福建、湖南、贵州、云南的一小部分地区和越南的北部。南越国是秦朝灭亡后，由南海郡尉赵佗于公元前203年起兵兼并桂林郡和象郡后建立的。公元前196年和公元前179年，南越国曾先后两次臣属于西汉，成为西汉的“外臣”。公元前112年，南越国末代君主赵建德与西汉发生战争，南越国被汉武帝于公元前111年所灭。南越国共存在九十三年，历经五代君主。

南越国是岭南地区的第一个封建制国家，它的建立保证了秦末乱世岭南地区社会秩序的稳定。来源于秦朝中原地区的统治者，给南越带来了中原先进的政治制度和生产技术，使岭南地区落后的政治、经济现状得到了有效的改善。南越国君主推行的“和辑百越”（南越国君为了巩固政权和缓和民族矛盾而采取的灵活政策，以越人“自治”为宗旨）的政策，促进了汉族和南越国各个民族之间的相互融合，并使汉文化和汉字得以传入岭南地区，改变了岭南落后的文化状况。

其他人）去劝说各小邦君主乖乖地归顺汉朝。结果，他去过的邛都，汉朝很快地在那里设越嶲郡，筰都则设沈黎郡。滇国起初仍不服，西汉两年后才用武力予以制服。另外所设的汶山郡、武都郡等，司马迁没提，大概是由其他人负责。

由汉武帝派司马迁代表朝廷去招抚夷邦一事来看，司马迁是相当被器重的。而崆峒之行和这次奉使西南，正好把他二十岁那年的大游历没去过的地方补了起来，他等于几乎把当时的全中国都游遍了。

这个时候，效法黄帝“且战且学仙”的汉武帝，一面注视战局的进展，一面进行他的求仙“大业”。先前，他决心进行封禅后曾叫儒生草拟封禅仪式，结果五十多个儒生各说各的，弄了几年弄不出个结论。因为他们试图从《尚书》《周官》《王制》等古籍中去寻求依据，但古代可能根本就没有封禅，他们无法找到依据。而祭祀天地性质的典仪则有不少，于是他们有意抄来参考，可是又没有胆量为现实考虑而予以变通组合或加上一些创意，所以弄了半天弄不出结果。

汉武帝为此非常烦恼，公孙卿等方士又跑来说，黄帝以上的九皇，行封禅都能与神相通，这令汉武帝更是急着要举行封禅。汉武帝曾问过儿宽的意见，儿宽这个“儒者”，被班固形容为“以称意任职（以称皇帝的意而被任职）”，是个懂得做官的人，他对汉武帝说，封禅这种大典是个非比寻常的大礼，古经籍里都不会有记载的，这种事情只有由“圣主”作最允当的裁决，自行制定。如果任由群臣各执所见在那里讨论，最后一定不会成事，一定要有圣德如汉武帝这样的人，以他与天相应的智慧，要怎么办就怎么办，为后世开创一个典型出来。

汉武帝听了，自然是高兴万分，于是决定“自制仪”。既然要自行制定，当然由方士们来拟定最便捷，他们反正不受什么约束。但全听他们的难免要遭天下人的讥笑，所以“采儒术以文之”，仍然拿儒术来装饰门面。

司马迁用“儒术”的“术”字，可能是指一些祭祀仪式的小细节由儒者来参加讨论，而不是典礼的大节目，等于是降低了儒者参与讨论的层次。本来这是汉武帝要“外饰以仁义”敷衍一下天下人，同时也是给儒者留一点面子。可是那些儒生仍一板一眼，绝不违背他们所信仰的古礼。当汉武帝把一些可能是方士所制的礼器拿出来让他们提出意见时，有儒生说“不与古同”，这下使汉武帝对儒生的迂腐

茂　陵

感到忍无可忍，干脆下令“尽罢诸儒不用”了。

从此，封禅大典就摆明地由方士们编导，风度也不要了。如果说汉武帝还有一点风度的话，那恐怕就是让报天派和求仙派对封禅的意义自说自话，然后他全部接受，反正对他都有利。

这个决心下定以后，封禅的筹备工作就加速进行了。也不知道是谁提的建议，说古时候在行封禅以前要“振兵释旅”，也就是要收缴兵器，解散军队，杀伐的事情要先停止。

这时南方战事大体已经平息，汉武帝最在意的还是北方的匈奴，为了震慑匈奴、避免战事，他勒兵十八万，出长城到河套北岸一带，旌旗连续千余里，神气活现地对匈奴示威一番。还派使者到匈奴单于帐内威胁单于：“南越王的脑袋已经悬在大汉的北阙（宫殿北边的门观），现在，单于你要是还能再战，大汉的天子已在边境等着，你来好啦！如果不能战，干脆投降，南面而向大汉称臣，何苦在这苦无水草的沙漠中逃来窜去！”单于听了大怒，斩了主张接见汉使者的人，并扣留了汉使者。但单于也被吓得整队迁移到北海（贝加尔湖）的北面去了，不敢再出来。

汉武帝得意地率领大兵南下到达了桥山（陕西中部）祭祀黄帝陵，然后就罢了兵。在这里他曾疑惑地问：“黄帝不是不死吗?怎么会有坟墓?”

公孙卿很机智地回答：“黄帝已经成仙登天了，这个坟墓是群臣思慕他才建立的，葬的是他的衣冠！”

汉武帝对这个答案非常满意，而且还感叹地说：“这么说来，将来我要是成仙升天了，群臣也要把我的衣冠葬在东陵（汉武帝为自己预备好的坟，叫茂陵，早已造好，因在长安之东所以又叫东陵）。”

这是冬天的事情，因为还没改历，仍属于年首。到了春天，大队人马正式展开了封禅有关的活动。他们的第一站是公孙卿持节候神仙的中岳太室山。下一站就是行封禅大典的泰山，仪式仍然由方士安排，就如同当年的秦始皇一般，在正式封禅前要先东游海上。

父亲的含恨亡故

业已完成使命的司马迁，急着要向汉武帝汇报，他来到洛阳。这里应是汉武帝这次活动必然要经过的地点，太室（嵩）山就在洛阳东南方。司马迁到达洛阳的时候，没有赶上汉武帝的封禅队伍，却意外地发现他的父亲太史令司马谈被留在洛阳没有随队东去，而且眼看着即将死去。关于这件事，司马迁是这样记载的：“是岁，天子始建汉家之封。而太史公（指司马谈）留滞周南（洛阳），不得与从事，故发愤且卒。”

可见司马谈是被活活气死的，不是生病死的。那么，为什么呢？我们一开始谈封禅和汉武帝的求神仙，为的就是要有充分的背景来了解司马谈为何而死，而司马谈的死，之所以要费那么大工夫去了解，则是因为他的死对司马迁的一生有着莫大的影响。

首先，我们先看看司马谈和封禅的关系。司马谈所担任的太史令，在三公九卿的划分中，是属于太常，太常主管宗庙礼仪，其属官除了太史以外，还有太乐、太宰、太卜、太医等。这时的太史令，与后来的史官并不完全一样，而与汉以前的史官较为接近。它与天文、宗教是合而为一的，《后汉书·百官志》记载它的职责为：“掌天时星历，凡岁将终，奏新年历，凡国祭祀丧娶之事，掌奏良日，及时节禁忌，国有瑞应，掌记之。”可见封禅这种祭典的筹划及进行，是太史令职责所在，也是太常所领导的“单位”理所当然的主要业务。

在研拟封禅礼仪的过程中，用现代的话说，主办或执行单位应该是太常领导的“单位”。但因为没有人弄得清楚封禅是怎么回事，于是由最重礼仪的儒生参与协办。另外，汉武帝宠信的方士们，起初也等于是与儒生一样的协办人员。在这几种关系中，太常的立场会是怎样?很显然，除了一部分在当时已被普遍接受的阴阳家观念以外，太常与方士是难以相合的，尤其是方士的求神仙谬论及无根据的怪说，太常不会与他们苟同才对。相反地，太常与儒生之间却较有可能志同道合，因为他们掌管宗庙祭祀，他们敬重的就是天、就是祖宗。既然敬重祖宗，他们就会与儒生一样尊重传统的、祖宗留下来的规矩。因此，这一场礼仪的争论，太常势必和儒生站在一边，与方士们对抗，而司马谈的立场与太常是一致的。

司马迁记述汉武帝尽罢诸儒而不用的时候，提到有位博士徐偃，曾经对汉武帝说：“关于礼仪的执行，太常和儒生们其实不如鲁国人士做得好。”于是有位叫周霸的鲁国儒生，就被请来协助筹备事宜。结果，当汉武帝不耐烦地决定罢黜诸儒不用的时候，徐偃与周霸也都被罢黜了。这一段记载一方面可以看出太常与儒生是执行礼仪的设计人；另一方面也可以知道，汉武帝虽然气极罢了儒生，改由方士规划，但并没有气到连太常也不用的地步，因为再怎么样他们是公认的

※河南省孟津县会盟镇龙马负图寺黄帝像

礼典执行人，而方士所谓的规划也不过是加上一些求神仙的东西，以配合他们主张的封禅意义而已，很多基本的仪节还是要太常及他的下属官员执行的。

我们看后来实际举行的封禅大典，对泰山采取的是郊祠泰一的礼仪，禅梁父则采取的是祭后土的礼仪，这些礼仪都是原来就有的。只是在泰山的祭台下有所谓“玉牒书”，很神秘。司马迁说不知写些什么，论性质应属祭祀所用的祷词之类的东西，而祭祀祷词一般都是公开的，有人怀疑那就是方士安排的登仙祷词。

由此我们可以推断，当封禅队伍从长安出发时，司马谈仍然以太常底下掌管祭祀的承办人身份随队而行，这时他还是个执行礼仪的主要角色之一。快要到第一站中岳太室山的时候，在洛阳必定发生了一次严重的意见冲突，使他被“滞留”在洛阳失去参加封禅大典的机会。

究竟是什么冲突?从时间和地理位置的因素上来看，大队人马很快就要到太室山了，也就是马上要进入执行的初级阶段，他们一定在洛阳对包含太室山以后行程的诸细节有所探讨和做出最后的决定。在那种讨论的场合，司马谈自会站在本身立场极力发言。他们讨论的应是礼仪的问题，而礼仪如何安排当然要受礼仪所含的意义的影响。

关于封禅的意义，相信全天下除了汉武帝和方士以外，应当不会有人在心里认为那是为了求神仙。因为报天意义的封禅，可以让每个人肯定自己的时代及幸福，而求神仙不过是个人的私欲而已。无论怎么说，司马谈不可能与方士一般见识，并且会以史官传统的执著，对变了质的封禅的安排发出忍无可忍的表白。这种表白也许是被汉武帝直接听到的，也许间接听到的，但在那个“方士环绕，求仙第一”的时候，司马谈必定难逃被认为碍事而罢黜不用的命运。于是，他被留在洛阳。他气得倒在床上，拉着司马迁的手哭着说：“今天子接千岁之统，封泰山。而余不得从行，是命也夫!命也夫!”

他到临死仍强调封禅是“接千岁之统”的报天大典，连续的“命也夫、命也夫”表示他完全接受当时普遍认定的封禅观念，而以不能参加为一大恨事!更令他气愤的恐怕是他怀着史官的使命感，眼看着封禅被神仙化，却无力拦阻。俸禄仅六百石的太史令能做什么呢?他想起了那支威力无比的史笔，还有他未完成的写史计划，他把一切希望都寄托在儿子司马迁的身上，他用他生命仅存的一点力气说出了临终遗言。这段遗嘱非常重要，先将全文照录如下：

“余先，周室之太史也。自上世尝显功名于虞夏，典天官事，后世中衰，绝于予乎？汝复为太史，则续吾祖矣！今天子接千岁之统，封泰山。而余不得从行，是命也夫！命也夫！余死，汝必为太史。为太史，无忘吾所欲论著矣！且夫孝始于事亲，中于事君，终于立身，扬名于后世，以显父母，此孝之大者。夫天下称颂周公，言其能论歌文武之德，宣周邵之风，达太王王季之思虑，爰及公刘，以尊后稷也。幽厉之后，王道缺，礼乐衰，孔子修旧起废，论诗书、作春秋，则学者至今则之。自获鳞以来，四百有余岁，而诸侯相兼，放绝。今汉兴，海内一统，明主贤君忠臣死义之士，余为太史而弗论载，废天下之史文，余甚惧焉，汝其念哉！”

我们来分析司马谈对司马迁说这些遗言的意思：

首先，他说太史为司马氏的祖业，在他以前曾经中衰好几代了，他唯恐自己一死，又要中断，所以

知识链接

后　稷

后稷是古代周族的始祖，名叫弃。

后稷的母亲姜原为帝喾元妃。传说姜原到野外的时候，见到巨人脚踏的痕迹，她就用脚去踩巨人留下的脚印，回到家后就因此而怀孕了，生了一个儿子。姜原认为这是妖孽，就把婴儿丢到了街巷里，可是牛马从他旁边过时都不踩它；姜原又把他带到山林里准备丢弃，但是当时林中的人太多，就没有丢弃；姜原又来到了河边，把婴儿丢在了冰上，却见鸟儿都飞来用羽翼为他取暖。姜原这才认为自己的儿子肯定不平凡，于是就把他抱回家抚养长大了。最初因为想丢弃他，所以姜原就为儿子取了弃这个名字。

弃为儿童时，好种麻、菽。成人后，好耕农，能根据土地的特性来种植谷物稼穑，老百姓都仿效他，跟他种植谷物。尧听说了，就封他为农师，天下百姓都因此得到了益处，弃因此立了大功。于是尧又赐封弃于邰，号曰后稷，别姓姬氏。

希望司马迁能够接棒。然后他很肯定地认为他死后，司马迁必定会被任命为太史，接替他的职位。既然如此，他提出自己最大的期望，希望司马迁能够在太史任期内继续完成他想做而已经没有机会做的“论著”计划。提出这个期望后，以下的话等于是对这个期望的强调和解释。他先引用孝经的话，表示司马迁若能够完成他的期望并且能扬名于后世，为父母争气，站在他个人立场，等于是司马迁已对他尽了孝。而站在文化的立场，他的眼光可就远了。他说周公之所以伟大，是因为他能记载以前的周朝祖宗的德风，能够让《尚书》及《诗经》在后世广为流传。在周幽王、周厉王以后则是靠孔子把几乎要衰亡的文化历史加以整理流传下来了。孔子所作《春秋》，从其记事的最后一年（鲁哀公十四年之西狩获麟）到他们的时代，中间不但同样经历乱局，而且已经由乱世到了太平盛世，更应该有人继承孔子把文化事业加以延续。因此，从这个观点看，他交代司马迁要从事的工作，是延续文化的大事，是希望他做第二个孔子。

司马谈所欲论著的，或许在平日就已经对司马迁说过，司马迁可能已经有了相当的了解，也可能已经实际参与了这件事情（例如东南大游历就很可能是帮助他父亲搜集写史材料）。但在这种生离死别的时刻，垂危的父亲，激愤并哭泣地拉着儿子的手交代临终之事，那就不是普通的“交付办理”而已，而是一句一字，句句震撼他的心胸，字字刻骨铭心！

在那个大时代里，以司马迁的才华，又有幸赶上新制度而荣登晋身台阶的郎官的职务，并获得汉武帝信任奉使西南，他对前途的视角必定不会窄，也不会小。父亲的遗命，虽不敢说已经把他的视角固定在某一个方向上，但无疑地，已经在他心里埋下了一颗坚实的种子。这颗种子除了包藏着文化的使命以外，不容忽视的，还蕴含他父亲的激愤以及这份激愤背后，在权势摆弄下所产生的愤懑不平之心。

三十六岁的司马迁听了父亲的遗命后，俯首流涕地说：“小子不敏，请悉论先人所次旧闻，弗敢阙。”他答应了。于是，这颗种子成为日后他遭逢一生中最大的灾难而自认为形同苟活的时候，唯一能够燃亮他生命火焰的火种。

《史记·封禅书》最后是这样写的：“余从巡祭天地诸神名山川而封禅焉。入寿宫侍祠神语、究观方士祠官之意，于是退而论次（论

※周公庙

定次第），自古以来用事于鬼神者，具见其表里，后有君子，得以览焉！”

这段评语是说，司马迁是在实际参与汉武帝的巡游祭祀及封禅大典后，亲眼见到汉武帝信奉的寿宫神君，看到附巫者以身体传神语的实况，终于看透了那些主其事的方士、祠官的真实面目因而才“具见其表里”的。这个“具见其表里”正说明了司马迁写《史记·封禅书》的旨趣，是冷眼旁观那一幕幕各怀鬼胎的鬼神闹剧。那些方士、祠官表面上是在祭祀鬼神，心里面实际上是逢迎汉武帝的心意，以求取自己的功名利禄；而汉武帝表面上是因为符合受命、功至、德洽、日有暇给四大条件，以至于应天人的殷切希望，而进行封禅大典，实际上则在妄想封禅可以长生不死。如此这般的表与里的尖锐对照，正可为他父亲的“气愤”而死给予最佳的解释，也为汉武帝的“内心多欲而外饰以仁义”增加一项说明。

不过，显然司马迁对当时天下人普遍接受的报天意义的封禅，并没有产生根本的怀疑。他只是因“莫知其仪礼”不知如何进行典礼才困惑罢了。

护驾东游

司马谈对儿子说出临终的遗命后，究竟是马上就逝世了，还是仍拖延着，司马迁没有详细记载，但他既然用“且卒”两字，恐怕拖也不会拖多久，很可能在洛阳就为他父亲办了后事。然后因为任务在身，继续追赶封禅的大队人马，以便向天子汇报奉使西南的成果。

司马迁有没有赶上太室山的祭祀，无法考证。但泰山封禅以后的行程他是赶上了。不过，他并没有机会看到全部的实况，也许是汉武帝因以封禅为求仙步骤而感到心虚，或者怕重蹈秦始皇的覆辙，在上封途中受阻从而被天下人耻笑，所以封泰山的最后一个程序，即在泰山下的祭礼完毕后上封泰山

※泰山风光

顶，他仅让最亲信的贴身侍卫奉车子侯（指霍去病的儿子霍嬗）陪他上泰山，但“其他事皆禁”。他们在山上做了什么、发生了什么，没有人知道。接下去就是群臣和方士们的道贺，方士们更说既然天子上封泰山而没有碰到风雨的阻挡，表示神仙“若将可得”，即差不多可以求得了，鼓励汉武帝继续努力。

于是，司马迁有机会跟着大队人马到了东边的海上，观看汉武帝为求见蓬莱仙人所作的安排。可惜，先前单独一人陪汉武帝上封泰山的奉车子侯突然暴病死了。神秘的典礼，神秘地死了人，谁也无法准确地说出霍去病的儿子为何而死，他年纪轻轻，用“暴病”两字应再恰当不过了，司马迁只好这样记载。但据说方士们都以子侯得仙，告诉大家他的死“不足悲”，真是天晓得！

司马迁又随大队人马从东边海上转到碣石山。这究竟是现在的什么地方，有好几种说法，甚至有的人认为这里已经沉没在大海中了。碣石山大体在今河北省东北边、山海关以南沿海一带。其中有一种说法认为是今昌黎县北十里的“仙人台”，可见也是方士们所说神仙出现的地方。从碣石山再往北边去，经辽西沿着长城到五原（秦代的九原，汉朝作五原，现在有五原县，在内蒙古包头西北方，河套北岸），然后南下到陕西中部的甘泉，这也是方士口中的圣地。

从四月封禅泰山梁父，到甘泉

※泰山石刻

才五月间，借着直道的便利，只花了一个月时间，走了一万八千里。这次旅行对司马迁来说，收获最大的就是目睹了万里长城，也亲身到了使燕、齐之士产生奇幽幻想的东方海边。他在《蒙恬列传》的评语中说，他从北方边境经直道到甘泉再回到长安。

知识链接

蒙　恬

蒙恬（?—公元前210年），秦始皇时期的著名将领，祖籍齐国。传说他曾改良过毛笔。

秦始皇二十六年（公元前221年），蒙恬被封为将军，攻齐，因破齐有功被拜为内史（秦朝京城的最高行政长官），其弟蒙毅也位至上卿。蒙氏兄弟深得秦始皇的尊宠，蒙恬担任外事，蒙毅常为内谋。当时号称“忠信”，其他诸将都不敢与他们争宠。

秦统一六国后，蒙恬奉命率三十万大军北击匈奴。收复河南地（今内蒙古河套南鄂尔乌斯一带），自榆中（今内蒙古伊金霍洛旗以北）至阴山，设三十四县。又渡过黄河，占据阳山，迁徙人民充实边县。其后修筑西起陇西的临洮（今甘肃岷县），东至辽东（今辽宁境内）的万里长城，把原燕、赵、秦长城连为一体。长城利用地形，借着天险，设置要塞，有力地遏制了匈奴的南进。后受遣为秦始皇巡游天下开直道，从九原郡（今内蒙古包头市西南）直达甘泉宫，截断山脉，填塞深谷，全长一千八百里，可惜没有修竣完工。蒙恬征战北疆十多年，威震匈奴。

秦始皇三十七年（公元前210年）冬，秦始皇游会稽途中患病，派身边的蒙毅去祭祀山川祈福，不久秦始皇在沙丘病死，死讯被封锁。胡亥即位，便遣使者以捏造的罪名赐公子扶苏、蒙恬死。扶苏自杀，蒙恬内心疑虑，请求复诉。胡亥杀死扶苏后，便想释放蒙恬。但赵高深恐蒙氏再次贵宠用事，对己不利，执意要消灭蒙氏，便散布在立太子问题上，蒙毅曾在秦始皇面前毁谤胡亥，于是胡亥又囚禁了蒙毅。子婴力谏，认为不可诛杀蒙氏兄弟。胡亥不听，杀蒙毅，又派人前往阳周去杀蒙恬，蒙恬被迫吞药自杀。

直道是秦始皇三十五年（公元前212年，即秦始皇驾崩的前两年，也是坑儒于咸阳的那年）才建成的，从五原直通甘泉。他说当年秦始皇初灭诸侯，天下的人心未定，所受的创伤也还未恢复，蒙恬以一名将，在那种时候，不施以强谏，请秦始皇先解决社会、民生问题，却仍一味地“阿意兴功”，轻率地滥用民力，去修筑长城和直道，到最后蒙恬兄弟被杀死或吞药自尽，“不亦宜乎?”

这一段感慨大概也是因为此次旅行才触景而生的吧！这一年是元封元年（元封就是第一次封禅，公元前110年）。除了封禅以外，司马迁也目睹了汉武帝财经政策的成果。

汉武帝为了实行他的宏图大略，授实权给法家人士，为他充分集中国力，其中法家有一项重大的责任就是要尽可能开发财政来源。其方法可归纳为两大类：一是扩大课征杂税；一是加强国营事业的经营。后者又分为专卖的与非专卖的国营事业。实行专卖的有盐、铁和酒；非专卖的则有均输与平准两法。均输的办法是各郡国每年按规定应该献给皇帝的土产，不必运到京城，可以交由设在各地的均输官转运到市价比较高的地方去卖，收入归中央政府。平准的办法是在京城设立平准局，搜罗天下各地的各种货物，价钱便宜的时候买进来，价钱贵的时候卖出去，一方面可以平抑物价，一方面政府可以获得利润。为汉武帝主持这些财经政策的是洛阳商人的儿子桑弘羊，他很了不起地使国家财政在汉武帝的挥霍之下不至于枯竭，并使物价保持平衡稳定。

元封元年，正是平准法施行见其成果的一年。司马迁亲眼看到，而且在《史记·平准书》中这样写道：“于是天子北至朔方，东到泰山，巡海上，并北边以归。所过赏赐，用帛百余万匹，钱金以至万计，皆取足大农。”大农就是大司农，是九卿之一，主管全国财政。

这次封禅大典，汉武帝所花费的巨大开支及赏赐等，都是使用的由于平准法的实施而带来的财政收入。不过，这种以吏为商，与民争利的办法，却渐渐产生了流弊，司马迁写的《史记·平准书》就是观察了那些现象而作的记录。

第二年（公元前109年）方士公孙卿又说他见到了山东东莱山的神仙，神仙说想见天子，于是司马迁又有机会跟随着汉武帝东巡了。先到缑氏城（太室山就在附近），然后来到了东莱山，留宿了好几天，可是根本没遇到什么神仙。

那年天气大旱，汉武帝回来的途中在万里沙（东莱郡掖县之北）祷雨，然后再去祭祀泰山，祭祀完泰山来到了河北南部，今濮阳县南的瓠子。早在二十二年前（公元前131年，司马迁十五岁那年），黄河就在此决口，大水流向东南。汉武帝曾命人治河，但总是修好了又坏，而当时的宰相正是汉武帝母后的同母异父的弟弟田蚡，他有一部分封邑在黄河的北边，黄河是在瓠子南面决的口，正好使他的封邑没有遭受到水灾。于是他对汉武帝说："江河之决，皆天事，用人力加以强塞，未必能与天意相应。"另外一些观气者也持同样的看法。

著《廿二史改异》的钱大昕认为，田蚡这个见解是"老成谋国之言"，说他为了自己的私利阻止整修瓠子口的工程并非公论。不过，不论怎么说，汉武帝从此就有二十二年没再理会这个问题。

这年干旱，汉武帝先命汲仁、郭昌率领几万人去进行塞河工程，等他祭祀完泰山后来到瓠子，他命令所有随从的大臣、侍卫，从将军以下，一律带着薪柴或竹子，在黄河决口处，密密地插成一道"墙"，并把土石填在里面以塞河。另一种说法认为是用竹片编成长四丈、大九围（五寸一围）的大袋子，里面盛石子，由两船夹载到适当位置下水填塞，这个工程叫作"下竹楗"。

这次天子亲自领导的塞河工程，就是历史上有名的"负薪塞河"之役。司马迁实地参加了，汉武帝除了命人塞河以外，也亲自祭河，把白马玉璧投入河中，并且因为怕无法成功，特地作了《瓠子之歌》。

司马迁说："余从负薪塞宣房，悲瓠子之诗，而作河渠书。"宣房或可作"宣防"，是指因这次工程而在瓠子盖的宣房宫。"防"就是塞河防水灾，"宣"则是为河水另开两条通路加以疏导。《史记·河渠书》就是司马迁在这次实际参与中有所感触和对《瓠子之歌》的感慨才作的。

※黄河见证了汉武帝亲自领导的"负薪塞河"工程

出任太史令

司马谈在临死时对司马迁说："余死，汝必为太史。"负薪塞河的第二年（公元前108年），三十八岁的司马迁果然被任命为俸禄六百石的太史令。这一年，距离卫青、霍去病最后一次大规模出击，使匈奴被迫逃到远方已经有十一年了，距离南越平定也已经三年了，西南夷含滇国之内属(指作为汉朝之属地)则已完成一年。在东北方面，这一年灭了朝鲜卫氏，在其地设立了四个郡。西域方面，这一年击破了杀汉使的楼兰、车师两国，从此汉使西行可以无阻。另外，今青海及甘肃西南部、四川北部一带的西羌，也已经平定三年了。

※中年时期的司马迁

所谓太史令，在战国以前并没有，只有太史（写作大史，"大"字读"太"）。在周礼，属于春官，春官除了太史以外，还有太祝、太卜等，掌邦礼，以事神为主。

名人名言

《诗》三百篇，大抵贤圣发愤之所为作也。

——司马迁

司马迁说他的祖先是“文史星历，近乎卜祝之间”，指的就是古代太史的性质。太史令最初的职务是记言记事，而古人最重视鬼神灾祥的事情，所以既记人事（文史），也记天事（星历），古代史官是与历官不分的。汉朝距离周代很近，这种做法仍然保存，太史令等于是太祝、太史和太卜三项合而为一的职位。

说到司马迁担任太史令，就会使人联想到他写的《史记》。是的，担任太史令与写《史记》确实是有关系的。但有一个观念必须弄明白，我们可以说司马迁担任太史令，所以他有办法或较有可能写成《史记》，但不能说他担任太史令，所以他必须写《史记》或写史。

所谓史书有广义和狭义的区分，广义的史书是泛指所有可依据的记史的书。狭义的史书则是指有组织、有体例的书。依照狭义的史书来说，编年体的《春秋》才是中国的第一部史书。那么，为什么说“担任太史令则必须写史”是错的呢（此处的写史指的是写狭义的史书）？因为在司马迁的时代，还没有官方修史的制度。真正的官方修史，要到唐朝以后才有。

就实质上说，古代所谓史官掌管星历及记言、记事，其所记的言与事，用现代的话说，不过是史料而已，只能说记下来存档，并没有加以运用，组织编写成一本史书。表面上是因为没有官方修史制度，史官还没有这个责任，实际上则是史书的体例还没有被发明。孔子作《春秋》立下了编年体的典型，到了司马迁，则开创了以人物为中心的纪传体。

司马迁是开创者，而不是依例行事，或依职务办理。因此不能

※霍去病墓碑

说他是太史令，所以他必须写《史记》。《史记》是他个人的私家著作，是接受父亲遗命，是自比于孔子所修的《春秋》以及个人受了挫折及侮辱而发愤等几个因素所促成的。而且事实上，《史记》并不是在他担任太史令任内完成的，与太史令的职务并无职责上应该或必然的关系。不过，太史令这个职务确实是他完成《史记》的不可或缺的条件。因为这时的太史令除宗教方面的职掌以外，还负责保管官方典藏的文书及掌握得到的历代史料。又因为要负责记载当代时事，当时规定天下各级政府的政务报告（以有数字者为主）在呈送给丞相的同时，要分送一份给太史令，或说呈送丞相之前，要先送给太史令，以便作为记录的依据。而这些东西都是写史所必需的材料，也是民间无法接触的，若非太史令是难以接近的东西。所以说司马迁担任太史令，他才有办法或较有可能写成《史记》。也因此司马谈的遗命说："为太史，无忘吾所欲论著矣!"把"为太史"作为"论著"的先决条件。

关于太史令，司马迁也是个分界点。司马迁是最后一任的宗教、星历与记言、记事合一的史官。在他以后，两者就开始分途，太史令只管占候星历，而不管记言、记事的事务，唐朝改太史为司天台，其主管叫司天监或太史令，到明朝又改为钦天监正，很符合它的实质内容。至于记言记事的史官，从他以后就不叫太史令，而叫著作郎、起居史、起居舍人等，分工较细。到元朝以后，又以翰林院兼掌修史之任。所以明、清两代的士子，如果入了翰林，往往自称"太史氏"，又在他们的门匾上写着"太史第"。他们所谓的太史，又恢复到司马迁以前的意义。

《史记·太史公自序》写到他被任命为太史令的时候说："而迁为太史令，绌史记石室金匮之书。"石室金匮就是国家藏书之处，绌就是阅读而加以整理。看来，这应是令他兴奋而感到向往的生活。

另一方面，太史令也管祭祀的事情。汉武帝因为敬鬼神和求神仙，经常到处巡游祭祀名山大川等，而不论是以管祭祀还是管记事的职责，司马迁作为太史令都要护驾随从。他上任的第二年，又随汉武帝巡游到达了雍祭祀五畤，然后到回中（今陕西陇县西北），出萧关（甘肃的东北部），绕了一个大圈，往东到鸣泽（河北省张家口东南方的涿鹿），再转向西南经山西北部的恒山回京城。司马迁在《史记·五帝本纪》所说的“余尝西至崆峒，北过涿鹿……”中的涿鹿，就是这次巡游经过的。

第二年（公元前106年）汉武帝又到南方巡游，司马迁随行先到南郡（今湖北一带），又到今湖南南部宁远县的九疑山，传说虞舜葬在这里，于是在此举行祭祀大礼。然后到天柱山（今安徽东南部的霍

知识链接

翰林院

翰林院从唐朝开始设立，自唐玄宗后，翰林分为两种，一种是翰林学士，供职于翰林学士院，一种是翰林供奉，供职于翰林院。翰林学士担当起草诏书的职责，翰林供奉则无甚实权。晚唐以后，翰林学士院演变成了专门起草机密诏制的重要机构，有“天子私人”之称。在院任职与曾经任职者，被称为翰林官，简称翰林。宋朝后翰林成为正式官职，并与科举接轨。明以后翰林院被内阁等代替，成为养才储望之所，负责修书撰史，起草诏书，为皇室成员侍读，担任科举考官等。翰林地位清贵，是成为阁老重臣、地方官员的踏脚石。

无论政治地位高低，在各朝各代，翰林学士始终是社会中地位最高的士人群体，集中了当时知识分子中的精英，社会地位优越。唐朝的杜甫、张九龄，宋朝的苏轼、欧阳修、王安石、司马光，明朝的宋濂、方孝孺、张居正，晚清的曾国藩、李鸿章等等，皆是翰林中人。入选翰林院被称为“点翰林”，是非常荣耀的事情。翰林学士不仅致力于文化学术事业的传承，更踊跃参与政治，议论朝政。翰林制度和科举制度是封建中国文官制度的基本架构。由科举至翰林，由翰林而朝臣是科举时代士大夫的人生理想，是儒家学说中“达则兼济天下”的表现。

但是，成为翰林学士的辉煌前景也使得大量知识分子投身科举，造成了人才浪费。社会重文士轻技工，拖缓了科学技术的发展。此外，翰林制度也使得文学界和思想界的主流处于皇帝的监管之下，对学术自由和知识分子的思想独立起了压制作用，有利于皇帝进行专制统治。

山），从浔阳（今江西九江）改经水路到枞阳（今安徽桐城东南），巡游的扈从队伍十分浩大，《汉书》上说在江上“舳舻千里”。五十一岁的汉武帝据说还亲自射死了江中发现的一只蛟。又经过鄱阳湖，沿途巡礼名山大川，向北到琅琊（今山东诸城市东南）及山东沿海，再到泰山增封。武帝还学习古代天子，在此处接见诸侯王、列侯及接受各郡国呈报的账目。

这一年，大将军卫青去世，这似乎是汉武帝时代盛极而将衰的讯号。同时代的名臣、勇将多半已经不在了，李广、霍去病已死了十几年，那位协助汉武帝严厉控制天下的法家人物张汤，也死去将近十年。而卫青的去世，使汉武帝更感到人才即将殆尽的危机，于是他以“盖有非常之功，必待非常之人”而下诏求才。

这年前后可说是人才交替的时期。司马迁本身接替了父亲的位子担任太史令；外戚方面，卫子夫时代的卫氏时代早已结束，卫青的死等于是为卫氏时代画上一个句号，代之而起的将是李氏。抑郁的关西军人、李广的第三代，已经长大成人，也准备在下一幕的汉和匈奴的战争中登场。而这三方面的“不期而遇”正为司马迁后半生遭逢的悲惨命运徐徐揭开了序幕。

卫青墓

《太初历》和《史记》

公元前104年，司马迁四十二岁，有两件重大的事情在进行。其中一件完成于这一年，另一件则从这一年开始。

完成的那件大事就是《太初历》的制定。我们前面说过，按照阴阳家的说法，人类的活动，恒与天相应，新朝代的创建，就是天上五德轮值的反映。秦自认为是水德，于是所有的制度必须与水德配合，包含以十月为岁首、色尚黑、数用六等等。

汉朝属于什么德呢？自从前述汉文帝时代的公孙臣主张为土德，并且在甘肃出现黄龙与土德确实相应以后，就没有什么争论了（照阴阳家说，土胜水，而事实上汉代秦，也正好符合）。大家心里只剩下一个盼望——什么时候改制？

这一年是汉武帝行封禅大典的第七年。司马迁、方士公孙卿及壶遂等人，向汉武帝建议："历纪坏废，宜改正朔。"于是正式进行改历工作，主办人无疑是主管天时星历的太史令司马迁。最初由司马迁与公孙卿、壶遂及侍郎尊，还有一位叫射姓的，组成筹备小组。后来他们发现以他们几个人的能力还无法完成改历的推算工作，于是向各界招募治历的人才。结果招选了二十多人，其中较重要的人物有邓平、方士唐都和一位如神仙般隐者落下

闳。他们的工作详情不得而知，最后的诏令指示司马迁采用邓平所造八十一分律历，再经过一道复核手续后即定案，武帝并任命邓平为太史丞（太史令的副职）。又据说汉武帝想拜落下闳为侍中，闳不愿意接受并离开了朝廷。

这部《太初历》，显然不只是把正月定为年首（改正朔）而已，而是全面改订，奠定了我们现在所用的阴历的基础。除了改历以外，也正式宣布色尚黄、数用五、更官号、协音律。所谓数用五（遵用五行之说），是指崇尚“五”这个数字，例如官印要用五个字，丞相印刻成“丞相之印章”。更官号即更改官职名称，例如改郎中令为光禄勋、改大行令为大鸿胪。

论到汉武帝下令改历的动机，由于大批方士的参与（邓平不是方士），使我们不得不再检视一下，是否又与求神仙有关呢？

第一个令我们怀疑的，按照阴阳家所说盛衰循环的步骤，圣人受命后天会降符瑞，天降符瑞后就要推德定制（改制度以相应），然后再行封禅即告成功。可是汉武帝的做法，是先封禅，七年以后才改制度。即便是同样求神仙的秦始皇，也是先改制度后行封禅的。汉武帝这个做法很可能也是受方士影

知识链接

《太初历》

汉初使用的历法以十月为岁首，随着农业生产的发展，这种历法越来越不适用了，而且也与人们习惯的春夏秋冬四季不合。于是太中大夫公孙卿、壶遂、太史令司马迁等建议修改历法。而此时也是修改历法的良好时机，因为当时人们的天象观测和天文知识已有了很大进步，而且武帝元封七年（公元前104年）十一月初一恰好是甲子日，又恰交冬至节气，是一个难逢的机会。

同年五月，汉武帝命公孙卿、壶遂、司马迁等人议造汉历，并征募民间天文学家20余人参加，其中包括治历邓平、长乐司马可、酒泉郡侯宜君、方士唐都和巴郡落下闳等人。他们或作仪器进行实测，或进行推考计算，对所提出的18种改历方案，进行了一番辩论、比较和实测检验，最后选定了邓平、落下闳提出的八十一分律历。这一方案把元封七年改为太初元年，并规定以十二月底为太初元年终，以后每年都从孟春正月开始，到季冬十二月年终。这种历法叫作太初历，它是我国最早根据一定规制而颁行的历法。

响的结果。如何影响的，史书上还找不到明确的证据。司马迁在《史记·历书》中，有关《太初历》的制定经过，实在是有些语焉不详。

我们前面的叙述，有不少是引自《汉书·律历志》的记载。司马迁只说："至今上即位，招致方士唐都。分其天部，而巴（郡）落下闳，运算……"至于在改历过程中起到过重要作用的邓平，连一个字也没有提到。

还有，《汉书》所说司马迁与方士公孙卿及壶遂向汉武帝建议一事，《史记》也没有记述，仅在《史记·韩长孺列传》的最后评论中提到"余与壶遂定律历"。这样两相对照之下，其间是否有什么隐意?我们看看司马迁记载汉武帝决定改历时说的一句话也许可以给我们一些答案。汉武帝说："盖闻昔者黄帝合而不死……"《史记集解》引孟康（三国时代魏国人，注《汉书》）的注释：合即作、作历的意思，历终而复始，无穷无尽，所以"不死"。原来方士所说"黄帝造历得仙"是取历可以随天地年复一年、永远循环下去的意思。可见汉武帝下令造《太初历》，还是与神仙有关。只是我们还没办法找到证据，证明他是在方士灌输给他某些观念以后，才下的决心。

还好，造历这种事情，不像封禅，反正没人弄得清楚，可以乱来。虽然动机有杂质，仍不致脱离应有的轨道。那位重要的参与者，像神仙般的隐者落下闳，显然也与方士的汲汲于名利截然不同。

尽管皇帝的动机有些问题，但不会影响到事情本身的价值。司马迁站在职责的立场上，指出原来的历法"坏废"必须更正，也表示这个改历行动有其必要性。只是，易服色、改正朔，"洛阳少年"贾

※公孙卿

谊早就提出，却等了那么多年才实现，而且在封禅以后才决定实施，实施的时候又有部分专以求神仙为务的方士参与这中间。在这种情形下，将著作时间在前的司马迁《史记》，与其后的班固《汉书》相比而发现这些“异样”，究竟司马迁心里在想什么，实在是颇堪玩味！

除完成《太初历》以外，另一件发生在同一年的大事，就是司马迁开始执笔写《史记》，这部旷世巨著，一共一百三十篇，五十多万字。从这年算起，司马迁大约花了十四年时间才完成。这部书的完成，正是我们今天为他写传记的原因。我们不便在此对这本书费太多笔墨，有关的研究，一两千年来不断地在继续，不断地有新意。我们在此只要看一下它的气势与规模。

时间范围：从黄帝写到汉武帝时期，即他执笔的时候，也就是从古到今，前后三千年左右，是“通史”。

空间范围：东起朝鲜半岛，西至里海东部，西南到印度，北自西伯利亚贝加尔湖以南，南至中南半岛的越南，也就是当时的汉人眼中的世界。因此，他的野心是要写成世界史。

人物的范围：帝王、后妃、王侯、贵族公子、官僚、政客、学者、军人、刺客、游侠、循吏（好官）、酷吏（恶官）、商人以及演戏的、看病的、算命的等各阶层、各行业的人都有。

事件的范围：有政治、军事（律书）、宗教（封禅书）、经济（平准书）、音乐（乐书）、天文星象（天官书）、历法（历书）、水利工程（河渠书）、社会民情（货殖列传）、国际交往（四夷传）等人类各方面的活动。

创立的体裁：传记分为三类，“本纪”写帝王、“世家”写诸侯、“列传”写各种名人。除传记外，还有“表”，包含帝王、诸侯、将相和名臣的年表；以及“书”，记述经济、文化、制度各方面的活动。如此经纬交织而成的严密体裁，为历代正史所遵循。因此自《隋书·经籍志》以来，《史记》被奉为正史之祖。

这一年，距离司马迁被任命为太史令已经有四年了。在第五年，他已把“石室金匮”里的图籍，作了相当程度的整理，而且正逢国家易服色、改正朔、颁新历。这是一个很重要而且明显的历史分界点，于是他选择这一年为叙事的终点，并从这一年开始执笔。当然，在此以前，他早已在心中拟好不少构想，甚至可能有些部分已经有了草稿及他父亲司马谈的遗稿。

知识链接

现行《隋书》

现行《隋书》共八十五卷，分为两个部分：一部分是纪传部分，由魏徵主编，成书于唐太宗贞观十年（636年）；另一部分为史志部分，始修于贞观十五年（641年），成于唐高宗显庆元年（656年），是由长孙无忌监修的。《隋书》的修史水平是比较高的，一是因为当时唐朝集中了一大批有才之士，先后参加编写的孔颖达、许敬宗、于志宁皆名列贞观时期著名的“十八学士”之列；颜师古是当时名重一时的经史大师；负责修撰天文、律历的是唐代著名天文学家李淳风。这样，《隋书》的修撰，便得到了学术上的保证。二是因为修史当时离亡隋时间较近，有不少隋朝的史料尚可资证。如隋人王劭撰的《隋书》八十卷，便保存着许多隋王朝的诏策。此外，当时也还存有数十卷《开皇起居注》等。更重要的是，由于当时离隋炀帝时不过二十余年，有许多隋朝遗老仍健在于世，可以通过访查直补史事。

※唐太宗李世民

为李陵申辩遭腐刑

作为一个史官，司马迁对任何事情，都会很传统地、很职业性地保持冷静、客观。他在皇帝身边，亲眼看到当李陵未败之时，陈步乐回来报军情及起初传来捷报时，朝中的公卿王侯都是一片奉承歌颂的声音；等到李陵投降的消息传来，汉武帝一怒，就变成一个个都怪罪李陵的不是，没有一个人敢挺身而出，为李陵说几句公道话。

富于正义感的司马迁，对这种冷暖不同的场面当然会感到极端的不满。

虽然司马迁和李陵曾经同在皇帝身边服务而算是同事，李陵的祖父李广及叔父李敢，在担任郎中令的时候，司马迁可能已经是郎中，而成为他们的属下，司马迁对李氏三代都应该很熟悉才对。但是司马迁说，他和李陵之间，性情志趣并不相同，从来也没有把酒言欢过，“素非相善也”。只是李陵的浪漫骑士作风，应该是司马迁心中所向往的。他们之所以不熟，除了性情志趣以外，大概李陵也像李广那样“悛悛如鄙人，口不能道辞”，不善于交际。

※汉代环首刀

这种微妙的情感，继之以冷

静的观察，关于李陵败降案，他认为，一个做臣子的，能够不顾自己的生命，而去为国家的事情拼命，这已经是很不寻常了！现在只因为某件事情一有不当，那些只知道顾全自己、保住自己妻儿的公卿大臣，便马上毫不留情地加以陷害，他觉得非常痛心。

李陵只不过带了五千步兵，就敢深入胡马之地，足踏匈奴王庭之所在，就好比把自己当诱饵送入虎口一般的危险，但他就能向强敌挑战，与多他好几倍的敌军连战斗十几天，杀死敌人的数目远远超过他本身兵力的能力范围。匈奴被他杀得连救护伤亡也来不及，诸君长们都为这件事感到震惊，聚集所有能骑射的人，集中全国的兵力来围攻李陵，致使李陵转战千里，战到箭已射完，可是救兵还是没来，士卒们虽然负伤呻吟，可只要李陵高声一呼，他们无不裹伤奋起，泪水和着血水，张着空弦，冒着白刃，争着和北边的敌人死拼。

再者，平时观察李陵的为人，就知道他事亲至孝，与人交往讲究诚信，遇到财物分取的时候都合乎正义，对人有礼貌而且恭俭谦让。奋不顾身，以赴国家的急难，是他平日就有的抱负。像他这么一个人，却落得这般下场！

司马迁那种炽热的心肠，实在按捺不住想为他说几句话。可是太史令俸禄不过六百石，在满朝文武的嘈杂声中，哪有他发言的余地？他又眼看汉武帝自从李陵败降的消息传来后，就“食不甘味，听朝不怡”，实在觉得于心不忍。他以为，解释清楚了李陵为人的本质，除了可以为李陵洗清冤屈以外，也可以宽慰汉武帝的心，他有此义务，他应该出来说话。

终于机会来了，可能因为司马迁是皇帝近臣的关系，汉武帝“习惯”主动地问他的意见，他逮住机会就对汉武帝说，李陵素来与士大夫交往，遇有好东西绝不争先，要分东西也绝对分得比别人少，像他

汉代烽火台遗址

这样的人，才能在必要的时候得到别人的效命，即便古时候的名将也不过如此！又说李陵的投降并不是真投降，猜测他的真实意图，是想等待适当的机会，建功赎罪来回报朝廷。现在，他败降匈奴是无可奈何的事情，但话说回来，他重创敌人的战果，就足够昭示于天下了。

本来，司马迁准备好很充分的说辞，想把事实的可能真相及汉武帝郁闷的心结，一一加以分析和排解。谁知他一开始表示同情李陵，并推崇其战果，就使“心虚”的汉武帝为此震怒。

原来这次对匈奴战争，最初的意思是以李广利为主力，李陵的任务不过是战略上帮李广利牵制匈奴兵力的助攻而已。但是仗打下来的结果，李广利出酒泉，击右贤王于天山（在今新疆吐鲁番或哈密一带），斩虏万余级，成绩不错，可是回程却被匈奴包围，好几天没粮可吃，死伤甚多，后来还是靠赵充国与壮士百余人英勇突围，李广利才率兵跟着逃出来。当初以三万骑出战，回来时损失了两万多。

反观李陵，深入敌境，与单于相遇，以区区五千步兵，杀死了无数敌人，几乎牵动了匈奴全国，战果显然在李广利之上。

但在军队配备及有关的部署方

※李广利戎装塑像

面，汉武帝又是以如何不同的态度去对待他们的呢?这是汉武帝绝不容许任何人触碰的“隐痛”，也是他心虚的地方。可是热心、多情、正义的司马迁，偏偏去碰了它，无意间去“伤”了它。汉武帝愤怒地认为司马迁是以称颂李陵来讽刺李广利，所以不让他把话讲完就将他交付理官（狱官）审理。

于是，司马迁被关进监狱里去了！这是天汉三年（公元前98年）的事情，而李陵败降匈奴是在前一年冬天。

不久，像前说过的，汉武帝经过一段时间冷静以后，醒悟到李陵之所以战败，是因为没有后援的缘故。他也想起当初是自己安排失当，致使路博德有机会“生奸诈”。他派遣特使去慰劳李陵军最后逃回边塞的四百名士兵。

不过，司马迁的“罪嫌”并未因此消失，他仍痛苦地在狱中等待判决，忍受狱吏的虐待。狱吏的面孔，古今中外都差不多。汉武帝时代，虽倡导儒学，广施德政，但同时又借法家治国，一批法家严厉控制人民以防叛乱，因此秦法复活了，产生了不少酷吏。他们在汉武帝的支持下，往往滥杀、滥捕无辜，一杀就是几百人，甚至一次毁灭千余家，即使大臣也难逃他们的毒手。在这种情况下，不论司马迁经由哪个单位收押或被关在哪个监狱，他的处境必然是凄惨无助的。怪不得他在《报任安书》中提到狱吏时说：“见狱吏则头抢地，视徒隶（狱卒）则心惕息（害怕喘息）。”实在令人不忍呀！

很不幸的是在第二年又有一个天大的误会产生了，使司马迁和李陵的处境急转直下。天汉四年（公元前97年）春，汉武帝命公孙敖率领军队深入匈奴，以便迎接李陵归国，显然汉武帝此时对李陵已全然谅解，而这段时间，司马迁之所以迟迟未被定罪，与汉武帝这种心情或许也有关系。这个行动如果成功，可能也会对司马迁的判决产生良好的影响。可惜，公孙敖无功而还，而且带回一个要命的情报，说他从捕得的俘虏口中得知，李陵正为匈奴练兵对付汉帝国，并把自己无功回来的原因，归因于李陵个人身上。

这个情报实在足以令汉武帝头昏眼花，他又在暴怒之下抄了李陵的家，李陵的母亲、妻子全部被杀了。这是一种惨无人道的刑罚，灭族已经够惨，其执行的方法，据《汉书·刑法志》记述夷三族（父族、母族、妻族，或父母、兄弟、妻子）的情形说：凡当夷三族者，皆先黥（在脸上刺字）、劓（割鼻）、斩左右趾，然后笞杀之（以刑杖活活打死），最后还要枭其首（把头砍下来悬在木上），菹其骨肉于市（把尸体剁成肉酱）。如果牵涉诽谤的，还要先断其舌，可说是五刑（黥、劓、断趾、断舌、枭首）具备。而且先侮辱而后杀死，杀死了还要侮辱其尸首，实在是残酷至极！

可怜的司马迁被判“诬罔”之罪，可能就是这个大风暴的影响。因为所谓“诬”就是无中生有，所谓“罔”就是欺，“诬罔”也就是欺君之罪。原来司马迁因为说李陵的投降是想等机会建立功业来回报

汉朝，并以李陵的功劳讽刺李广利的功少，因而才被关进监狱的。随后汉武帝后悔没给李陵后援，司马迁的罪嫌因而下降，有可能只剩下讽刺李广利的部分。但是公孙敖带回的情报，使汉武帝非常愤怒地杀死了李陵的全家人，等于确认李陵毫无在匈奴为汉建功的意思，汉武帝新“恨”旧“怒”一齐迸发，就命理官判司马迁诬罔欺君的大罪了。

按照汉朝法律，诬罔是死罪。然而，不知道又过了多久，事实的真相被弄明白了。在匈奴，李陵痛苦而困惑地询问一位汉使者说：“我为汉率步兵五千，横行于匈奴，以无援而败，我何负于汉？为什么被满门抄斩！”

使者就把原委告诉他，李陵这下才恍然大悟，原来他又被误会了。他哪里为匈奴练兵了？那个为匈奴练兵的不是他，是另一个汉的降将李绪。一字之差，使他遭受人间最大的惨祸！他愤怒地派人把李绪杀了。当时李陵在匈奴的地位在李绪之上，单于的母亲大阏氏闻李绪被杀，就想杀李陵，幸赖单于把他藏到北方，等到大阏氏死了以后才又回来。单于对李陵甚为礼遇，把女儿嫁给他，并封其为右校王，居在外，有大事才召回参议。从此，李陵断了归汉的心，胡服胡语，永为异域的人。他恨汉斩了他满门，他恨“老母已死，虽欲报恩将安归”！

这个真相很快地传回汉帝国，已经六十岁的汉武帝显然发觉自己又错了。

这年秋天，朝廷公布了一条法令：“令死罪人赎钱五十万，减死一等。”

汉武帝的那批财经专家，搞出一些卖官鬻爵、捐钱赎罪一类的措施，本不足为奇，只是这命令的公布，在时机上的“巧合”，使人不得不怀疑，是否就是为了司马迁而设的？

五十万钱究竟是多少？当时用的是五铢钱，五十万个五铢钱，约合黄金五斤的价值。拿出五十万钱就可以赎死，是司马迁的一条生路。可是，他父亲当太史令三十年，他自己到入狱时也干了十年太史令，这个俸禄只有六百石的小官，并没有积下什么财富。转向朋友求援的结果，竟是“交游莫救”“左右亲近不为壹言”，谁敢为一个因触怒皇帝而被判刑的罪犯出钱出力？谁又敢保证帮了他的忙以后，不会惹祸上身？

这条法令看似一线生机，实际上却对司马迁没有作用。到此，摆在司马迁面前的，只有三条路：一是自杀以免受辱；二是接受死刑；

第三个则是仅存的最后一条生路——受腐刑以免死。这种法令最初出现在五十年前的汉景帝四年（公元前146年），汉武帝时仍然沿用。

腐刑就是男人去势的宫刑，因为男人去势后，无法再生育，有如腐木不再生果实，所以称为腐刑。谈到腐刑就会使人想起宦官。其实在司马迁以前的古代，受腐刑及做宦官的，与普通士人比起来，并没有如后世那般地受到歧视。

据说最早的时候，在贵族阶级的身旁，常有一些由俘虏而来，或因罪被罚的同为贵族的人，因为聪明或有技艺，在受了腐刑以后，为他们服侍执役，其地位甚至在一般从事农牧工商的平民之上。

※赵高像

在秦朝的时候，宦官赵高为郎中令，而且担任秦二世的老师。司马迁的时代距离秦朝不远，稍早的吕后，曾封宦者为侯，而且汉朝的政治组织中，行政性质与宫廷服务性质并存，还保留不少“家臣”的遗风，知识分子所组成的政府组织尚未成熟到与宫廷截然分开，因此宦官还没被皇帝提升到“内廷”的控制集团与宰相领导的“外廷”相对抗，既然如此，则后世所见的宦官恶劣形象尚未形成，也无由形成。因此，此时容易与宦官连成一体的受腐刑，固然难免因常理遭到讥笑，但还不致如我们后世所想的那么坏。

但是司马迁的想法就不同了，他认为人有十等：第一等的人不辱及祖先，次一等的本身不受辱，再次一等的颜色不受辱，再次一等的言辞不受辱，再次一等的卑躯（如叩头长跪等）受辱，再次一等的穿囚衣受辱，再次一等的被戴上刑具受刑而受辱，再次一等的剃了毛发、头上铁索受辱，再次一等的被毁肌肤、断肢体受辱，而最下等的就是受腐刑。“行莫丑于辱先，诟莫大于宫刑”，他认为受腐刑是奇耻大辱。他甚至举出三个历史上受腐刑而被歧视的人的例子，然后

说："夫中材之士，事有关于宦竖，莫不伤气，况慷慨之士乎！"（以上均见于《报任安书》）

司马迁是以"慷慨之士"自居，视腐刑为无以复加的耻辱，于是摆在面前的三条路，似乎只剩下自杀免受辱这一条了，因为冤屈受死刑也是受辱。而慷慨之士的表现之一就是必要时能够引刀成一快，以他的性格应该是做得到的，可是，他反问自己，能死吗？这么一问，那就不是受死刑或自杀的选择问题了，而是生与死的抉择，是"人固有一死，或重于泰山，或轻于鸿毛，用之所趋（即目的）异也"的判别问题。

慷慨就死诚然痛快，可是自己长久以来所追求的理想，就要随着生命的消逝而变成泡影了。父亲临终时所说的"废天下之史文，余甚惧焉，汝其念哉！"犹在耳际，而当时自己"俯首流涕"地答应父亲说"小子不敏，请悉论先人所次旧闻，弗敢阙"，其情景也历历在目。而父亲死后"紬史记石室金匮之书"及从青年时期的大游历，到随汉武帝巡游天下名山大川，访问故迹遗老所编织而成的论著构思，已跃然笔墨之间。如果只图一时之快，贸然就自杀了，则那些东西岂不成了未完成的"断"简"残"篇，就像为李陵仗义而无法"尽"言，终致含冤而归于湮灭么？

于是，他决定求生，他要留下这条命，为了对父亲的承诺，为了自己未完成的理想而活下去。他向狱官请求接受腐刑以免除死罪，在天汉四年与太始元年间（公元前97年—公元前96年）下了"蚕室"——因为受腐刑的人怕风，需要暖气，所以作暗室蓄火，有如养蚕的房间，所以被叫作"蚕室"。

在旁人看来，这本是贪生怕死的自然反应，无足为奇，但其实，他胸中的郁闷和苦衷岂是身旁的凡夫俗子所能知道的呢？

受刑后的司马迁"肠一日而九回，居则忽忽若有所亡，出则不知所如往"，恍恍惚惚不可终日。只因为说了几句话而"遭遇此祸"，他那些乡亲们都耻笑他，说他污辱了祖先！他也自觉"亦何面目复上父母之丘墓乎"？他愧对死去的父母，每想到这些，就"汗未尝不发背沾衣也"。这种痛苦的心情，直到五六年后，在他写给朋友任安的信中，才尽情地倾吐。

受了腐刑以后，司马迁已不适宜再担任太史令，因为那是与管宗庙有关的官，身体"残缺"的人不适合担任。而汉武帝这边，李陵案已经过去，他心里明白李陵到最后是被他几次误会所逼反，这事件已没有必要再追究下去。由此他连带地对司马迁感到一丝歉疚，何况司马迁的才能，他早就了解，因此，他又把司马迁从狱中调到自己的身边来工作。

宦官的得权，一般都认为要上溯到汉武帝时。他晚年大多在后宫决事，身边自然形成一个在宫内作为皇帝统治工具的集团（内廷），不过那个时候，还没有到由宦官一手包办的局面。汉武帝晚年既然喜欢在后宫“遥控”政府，则原来掌管“出纳王命”秘书工作的尚书，就有机会在中间掌握权力。

尚书的主管叫作尚书令，本来并不是由宦官担任，而是由士人担任，后来有时以宦者担任，就改称为“中书谒者令”，又称中书令。不管是尚书、中书还是其他秘书性质的宫廷职位，都是由皇帝在后宫逐渐给予的权力，等到权力和业务范围膨胀到与行政机关相同甚至还要大以后，这个机构则被推出内廷到外廷，成为正式的行政机构，皇帝又在宫内再另外建立内廷系统，后世行政系统的尚书、中书就是这样形成的。

司马迁被任命的新职务就是中书令，中书令俸禄千石，比太史令的六百石要高些，而且等于是皇帝的秘书长，所以《汉书·司马迁传》说他受刑以后是“尊宠任职”。当然，与后世担任这种职务的宦者比起来，他必定只是一个安分守己的秘书长，这除了他本身的因素外，还有两方面原因：一方面因为他只在过渡阶段，另一方面在汉武帝底下也不可能有掌权的机会。

司马迁担任中书令是不是汉武帝改尚书令为中书令的第一任？《晋书·职官志》说：“尚书本汉承秦置，及汉武帝游宴后庭，始用宦者主中书，以司马迁为之中间，遂罢其官，以为中书之职。”

可见尚书令因为改由宦者担任才改称中书令，或许在汉武帝的眼中，受刑之后的司马迁是宦者了，且司马迁受腐刑后，确实常常与宦官接触、共事，但后世实在不忍也不愿把他归入后世观念中的宦官之流——虽然他已符合“宦官”定义的一部分。

自从太初元年（公元前104年）司马迁执笔写《史记》以来，到李陵案发生而被关进监狱，《史记》的撰写已经进行了七年。接着在狱中的两三年期间，据说他也没有停顿，但心情已经全然改变了，并延续到写完为止。李陵案的余响在《史记》中往往可以闻见，司马迁所受的创伤在书中也有相当程度的反映。

巫蛊之祸

从司马迁被任命为中书令以后，我们几乎已看不到有关他的生平记载了。除了汉武帝继续进行的巡游活动，他可能仍然护驾随行以外，我们仅见的一项资料，大概就只有他五十五岁时写给朋友的一封信了。这封信写得荡气回肠，极为感人，千古以来为人们所传颂，是研究司马迁所不可或缺的资料。信中有关他受刑以后心情的描绘，以及舍弃引刀一快而自愿接受腐刑以求活的动机的表白，尤其可贵。

现代办报的人，讲“报人不上报”。司马迁写史本质上也有些像记者，大概也有点“史家不上史”的味道。关于他自己的事迹，在《史记》反而没有详细的记载，只能从一些蛛丝马迹中寻找行踪。这封信被称为《报任安（少卿）书》，部分内容在前面已引用多次，信录在《汉书·司马迁传》中，后来《昭明文选》也把它选了进去，唯字句间稍有不同，此处我们要了解的是写这封信的背景及他在信中所作的表白。

《报任安书》的背景就是巫蛊之祸。巫就是巫祝，自称能够与神相通、为人祈祷者。蛊的本意是蛊毒，造蛊的方法是把百虫放在一个器皿中，让它们自相残杀，最后战胜百虫独自存活下来的就是蛊。如果把蛊放在食物中，食之会使人发狂失

名人名言

一死一生，乃知交情；一贫一富，乃知交态；一贵一贱，交情乃见。

——司马迁

志，所以引申为“惑”的意思，巫者以巫术害人也叫蛊，巫蛊之祸的巫蛊，指的就是这种意思。其方法是埋木偶祭祀，诅咒所恨的人，使被诅咒的人倒霉，所以蛊也指埋木偶。这种巫术由来很久了，因巫蛊被杀的事情时有所闻，而汉武帝时尤烈，因为汉武帝最信鬼神，方士神巫之流大行其道，巫蛊害人之术自然兴盛起来。

史上所称的巫蛊之祸，是指发生在征和二年（公元前91年）的一次皇室悲剧。早在公元前130年，即司马迁十六岁那年，就曾经发生陈皇后（汉武帝姑母刘嫖的女儿，第一任皇后）因巫蛊被废的案件，被杀的有三百人。而征和二年这次，死者前后将近二十万人，被害的主要人物是戾太子和他的母亲卫子夫。

这个悲剧发生的原因有三：

第一，事件发生前三年（公元前94年）钩弋夫人生皇子弗陵，即汉武帝崩后继位的昭帝。因为怀孕期长达十四个月，而汉武帝听说尧也是十四个月才出生的，于是就命其诞生的地方为“尧母门”。这个举动使奸人敏感地觉得汉武帝极疼爱这个幼子，可能会传位给他，于是萌生了加害戾太子和卫皇后的念头。

第二，汉武帝经常给戾太子参与决事的“实习”机会，父子两人的性格、作风完全不同，汉武帝严苛而太子宽厚。因此，群臣凡主宽厚者多依附太子；而秉承汉武帝的意思、实

※汉昭帝刘弗陵画像

际执法的大臣都诽谤太子。自从卫青去世后，卫后母子失去了有力的保障，那些反对太子的人，纷纷起了加害太子之心。

第三，当时有一个专门为汉武帝监视贵戚近臣的特务，名字叫江充，极受汉武帝宠爱，被任命为直指绣衣使者，他与戾太子有矛盾。此时汉武帝已经六十多岁了，江充恐怕将来要是由戾太子继位，就会对他不利，所以时时等待机会要害死太子。

在这三种情况下，戾太子的处境实在是非常危险，只要一有疏忽，他都可能被害。不幸的是这个时候由于汉武帝仍然在求神仙，一些方士女巫齐聚在长安，都用巫术来迷惑众人。后宫本来就是个充满了争宠妒忌的地方，女巫们很自然地被引入宫中，替那些美人后妃为蛊诅咒。演变到后来，就常有人到汉武帝面前告密，说某某人诅咒皇帝。汉武帝大怒，杀了涉嫌的数百人，但也从此疑神疑鬼，有一次白天睡觉也梦见有数千个木人，持杖来攻击他，于是身体感觉不适，整天恍恍惚惚变得容易健忘。

那个特务江充敏锐地觉得这是加害太子千载难逢的好机会，于是向汉武帝说他的病完全是巫蛊作祟，汉武帝就派他为使者，专门惩治为蛊者。这种事情要嫁祸于人实在是太简单了，在谁家挖到木偶，谁家就是蛊者，反正根本没有方法鉴定究竟是不是涉嫌者所埋。因此，只要有办法把木偶埋到预定的地方，要害谁就可以害谁。狡猾的江充先到民间大搞特搞，杀了数万人，再回过头来，把箭头指向宫中。结果很“准确”地在太子宫中挖得大批的木偶，他说：“太子宫中的木偶特别多，又有帛书，所言皆不道，当奏闻皇上！”太子最初仍保持镇定，自以为根本没有加害父皇的理由，自信稍加解释就可以无罪。可是后来因为始终无法与在甘泉养病的汉武帝取得联系，太子觉得可疑，想亲自前往，又被江充逼得走投无路，最后只好听从少傅（太子的老师）石德的话，派人伪装为皇帝使者，搜捕江充，宣布汉武帝卧病甘泉，江充谋反而发兵，并亲自临斩江充。但汉武帝在甘泉误听江充同路人的报告，以为太子谋反了，于是令丞相发兵与太子交战，双方军队在城中混战五日，死伤了几万人，非常惨烈，结果太子被打败，最后与卫皇后都自杀了。

《报任安书》

司马迁的朋友任安，字少卿（李陵也是字少卿），早年在大将军卫青门下。当霍去病渐渐受到汉武帝的宠信，逐渐凌驾在卫青之上的时候，卫青的故人、门下都投靠霍去病去了，并因而获得官爵，只有任安不肯，仍然效命于卫青。

在巫蛊之祸的戾太子事件中，任安担任护北军使者，握有兵权，戾太子派人持节到他那里要求发兵助战，他受了节，但仍闭城门，不肯接应太子。

事件平息后，汉武帝赏赐了那些系捕太子的人，而把那些跟随太子和为太子助战的人都治以重罪。关于任安，汉武帝认为他的做法还可以，没有责怪他。可是后来有人进言，说太子在“进则不得见上，退则困于乱臣”的情形下，不得已而“子盗父兵”，其实并无造反之心，使汉武帝感悟到太子是冤枉的。于是，先前所做的处置，又要重新检讨，变成了与太子战、反太子的人全部有罪。江充虽死，仍被判夷三族，领兵与太子作战的丞相被腰斩，武帝并建“思子宫”以表示深怜太子的冤屈。这是后来的事，而当汉武帝心理转变的时候，便对任安对待太子的态度产生了根本的怀疑，他认为任安是个典型的“老吏”（老油条），怪他不帮助太子，却坐持两端，准备看谁胜就依附谁，是怀有二心的，于是判处他死刑（腰斩）。

任安自认为自己是冤枉的，即使无功，也不致有过。在那种乱糟糟的局面中，太子仓促起兵，又没有皇帝状况的确实消息，他以不变应万变有何不可？

十二月就要行刑了，任安在狱中待刑的时候（征和二年，公元前91年），写信给现任的中书令，即经常可以见到皇帝的司马迁，请他设法援救。

司马迁接到这封信时，可以想到，他的心里是相当为难的。他了解汉武帝，自己就曾尝过汉武帝暴怒之下带给他的痛苦，他实在不愿意再遭到第二个“李陵之祸”。可是，论交情，李陵与他“素非相善”，而任安则是老朋友，双方的家庭彼此都很熟悉，不救又说不过去。然而司马迁也非常明白汉武帝一心为太子报仇的心理，任安的死刑，绝无平反的可能，救他已是不可能的事，因此，他要把自己见死不救的苦衷，向老朋友说明，并请求他原谅。于是，在征和二年十一月，五十五岁的他写了一封长信给任安。

信的开头，他自称“太史公牛马走司马迁”，太史公是指他父亲司马谈，“走”是“仆”的意思，即：为太史公司马谈掌管牛马的仆人司马迁。这个谦称已经告诉世人，现在还活着的司马迁，完全是为了完成父亲遗命而苟活的司马迁，这是他的隐衷。

信的大部分内容都是讲自己遭到飞来横祸，而后受刑、忍辱的经过和体验，本书前面已经有多处引用。至于他不去受刑就死，也不引刀一快、慷慨而死，他的解释是：第一，如果当时就死去，则他的死，“若九牛亡一毛”，而且还会被认为“智穷罪极”死有应得。第二，当时就死，他无法对父亲的遗命有所交代。第三，父亲的遗命，深以“天下之史文”废而感到忧惧，这是文化的使命，不只是私人的遗命。

既不能死，那要干什么呢？绝不能只是偷生，他要完成《史记》，以完成《史记》来完成父亲的遗命，并且要因《史记》而扬名天下，因扬名天下而洗刷受腐刑的耻辱，也符合父亲遗命中引述《孝经》的话：“扬名于后世，以显父母，此孝之大者。”

总之，父亲遗命是他受腐刑后的余生中赖以生存的精神支柱，而这个支柱的落实，就是全神贯注地去完成《史记》。

任安终于被腰斩了，司马迁也在感叹中度完他的余生。

龙门结语

写完《报任安书》以后不久，司马迁完成了《史记》。然而，对我们后世而言，他是无声无息地离开这个世界的，什么时候，在什么地方，以什么方式离开，没有人知道。也许，《史记》既已完成，则他的有形生命的存在，已经无关紧要了。也许因为这样，所以他急着去向他的父亲报命——他“提前”离开了，是很有可能的。

※司马迁墓和祠

那位几乎与他的生命相始终的超级帝王汉武帝，在戾太子事件之后四年崩逝，享年七十岁。临死以前，他作了极理智的决定和安排。他自责从即位以来，所为狂悖，使天下愁苦，他非常后悔，下诏宣布“自今，事有伤害百姓，靡费天下者，悉罢之”。求神仙的把戏，他也玩腻了。他把方士全部遣散，并册立钩弋夫人所生的弗陵为太子，但事先赐钩弋夫人死，以免主少母壮，再发生另一个吕后之祸。如果说这样做太残忍，也算是他一生中，比较有道理的一次残忍。

司马迁恨汉武帝吗？答案应该是肯定的，因为他也是人。不过，他能化悲愤为力量，他在《史记·太史公自序》中，先是高呼受刑后“身毁不用矣”，然后列举周文王、孔子、屈原、左丘明、孙膑、吕不韦、韩非等人的例子，认为他们的著述成就都是“意有所郁结，不得通其道也，故述往事，思来者”，也就是由苦闷发泄出来的力量所致。又说《诗经》三百篇是“大抵贤圣发愤之所为作也”。

那么，司马迁有没有因而诽谤汉武帝、诽谤汉朝、诽谤他的时代？从文字来看，他没有这个嫌疑。只是，他的愤恨，使他对事物认识的视角和见于或隐于文字之间的批判，难免加上情绪化的个人色彩。

至于他个人的悲惨境遇，若由本书一开始所说的，从其出生地“龙门”所代表的意义，一路发展下来，然后来看这个悲剧，您是否会发现，那不过是几个“偶然”累积而成的“必然”结果？

《三秦记》说：“江海鱼集龙门下，登者化龙，不登者点额暴腮。”

最后，司马迁算不算是“登者”呢？应该是的，他“登”得很辛苦，而且差一点就“点额暴腮”了！

史　记

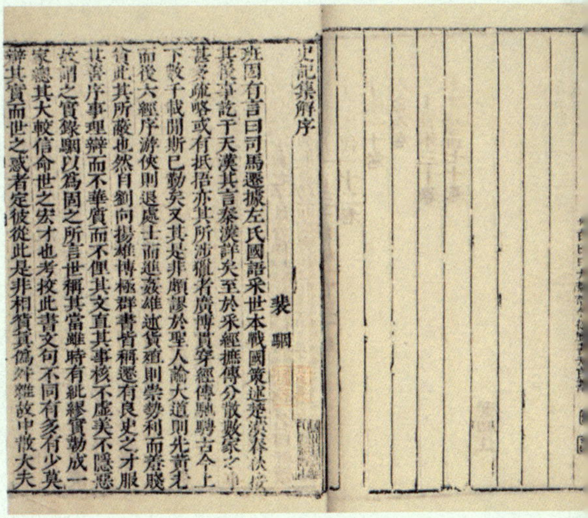

史記集解序

裴駰

班固有言曰司馬遷據左氏國語采世本戰國策述楚漢春秋接
其後事訖于天漢其言秦漢詳矣至於采經摭傳分散數家之事
甚多疏略或有抵捂亦其所涉獵者廣博貫穿經傳馳騁古今上
下數千載間斯已勤矣又其是非頗謬於聖人論大道則先黃老
而後六經序游俠則退處士而進姦雄述貨殖則崇勢利而羞賤
貧此其所蔽也然自劉向揚雄博極群書皆稱遷有良史之才服
其善序事理辯而不華質而不俚其文直其事核不虛美不隱惡
故謂之實錄駰以爲固之所言世稱其當雖時有紕繆實勒成一
家總其大較信命世之宏才也考校此書文句不同有多有少莫
辯其實而世之惑者定彼從此是非相貿真僞舛雜故中散大夫

附：太史公自序（节选）

太史公曰："先人有言：'自周公卒五百岁而有孔子。孔子卒后至于今五百岁，有能绍明世、正《易传》，继《春秋》、本《诗》《书》《礼》《乐》之际？'"意在斯乎！意在斯乎！小子何敢让焉！

上大夫壶遂曰："昔孔子何为而作《春秋》哉？"太史公曰："余闻董生曰：'周道衰废，孔子为鲁司寇，诸侯害子，大夫壅之。孔子知言之不用，道之不行也，是非二百四十二年之中，以为天下仪表，贬天子，退诸侯，讨大夫，以达王事而已矣。'子曰：'我欲载之空言，不如见之于行事之深切著明也。'夫《春秋》，上明三王之道，下辨人事之纪，别嫌疑，明是非，定犹豫，善善恶恶，贤贤贱不肖，存亡国，继绝世，补弊起废，王道之大者也。《易》著天地、阴阳、四时、五行，故长于变；《礼》经纪人伦，故长于行；《书》记先王之事，故长于政；《诗》记山川、溪谷、禽兽、草木、牝牡、雌雄，故长于风；《乐》乐所以立，故长于和；《春秋》辨是非，故长于治人。是故《礼》以节人，《乐》以发和，《书》以道事，《诗》以达意，《易》以道化，《春秋》以道义。拨乱世反之正，莫近于《春秋》。《春秋》文成数万，其指数千。万物之散聚皆在《春秋》。

《春秋》之中，弑君三十六，亡国五十二，诸侯奔走不得保其社稷者不可胜数。察其所以，皆失其本已。故《易》曰‘失之毫厘，差之千里。’故曰‘臣弑君，子弑父，非一旦一夕之故也，其渐久矣’。故有国者不可以不知《春秋》，前有谗而弗见，后有贼而不知。为人臣者不可以不知《春秋》，守经事而不知其宜，遭变事而不知其权。为人君父而不通于《春秋》之义者，必蒙首恶之名。为人臣子而不通于《春秋》之义者，必陷篡弑之诛，死罪之名。其实皆以为善，为之不知其义，被之空言而不敢辞。夫不通礼义之旨，至于君不君，臣不臣，父不父，子不子。夫君不君则犯，臣不臣则诛，父不父则无道，子不子则不孝。此四行者，天下之大过也。以天下之大过予之，则受而弗敢辞。故《春秋》者，礼义之大宗也。夫礼禁未然之前，法施已然之后；法之所为用者易见，而礼之所为禁者难知。”

壶遂曰：“孔子之时，上无明君，下不得任用，故作《春秋》，垂空文以断礼义，当一王之法。今夫子上遇明天子，下得守职，万事既具，咸各序其宜，夫子所论，欲以何明？”

太史公曰：“唯唯，否否，不然。余闻之先人曰：‘伏羲至纯厚，作《易》八卦。尧舜之盛，《尚书》载之，礼乐作焉。汤武之隆，诗人歌之。《春秋》采善贬恶，推三代之德，褒周室，非独刺讥而已也。’汉兴以来，至明天子，获符瑞，封禅，改正朔，易服色，受命于穆清，泽流罔极，海外殊俗，重译款塞，请来献见者不可胜道。臣下百官力诵圣德，犹不能宣尽其意。且士贤能而不用，有国者之耻；主上明圣而德不布闻，有司之过也。且余尝掌其官，废明圣盛德不载，灭功臣世家贤大夫之业不述，堕先人所言，罪莫大焉。余所谓述故事，整齐其世传，非所谓作也，而君比之于《春秋》，谬矣。”

于是论次其文。七年而太史公遭李陵之祸，幽于缧绁。乃喟然而叹曰：“是余之罪也夫。是余之罪也夫！身毁不用矣！”退而深惟曰：“夫《诗》《书》隐约者，欲遂其志之思也。昔西伯拘羑里，演《周易》；孔子厄陈、蔡，作《春秋》；屈原放逐，著《离骚》；左丘失明，厥有《国语》；孙子膑脚，而论兵法；不韦迁蜀，世传《吕览》；韩非囚秦，《说难》《孤愤》；《诗》三百篇，大抵贤圣发愤之所为作也。此人皆意有所郁结，不得通其道也，故述往事，思来者。”于是卒述陶唐以来，至于麟止，自黄帝始。

维昔黄帝，法天则地，四圣遵序，各成法度；唐尧逊位，虞舜不台；厥美帝功，万世载之。作五帝本纪第一。

维禹之功，九州攸同，光唐虞际，德流苗裔；夏桀淫骄，乃放鸣条。作夏本纪第二。

维契作商，爰及成汤；太甲居桐，德盛阿衡；武丁得说，乃称高宗；帝辛湛湎，诸侯不享。作殷本纪第三。

维弃作稷，德盛西伯；武王牧野，实抚天下；幽厉昏乱，既丧酆镐；陵迟至赧；洛邑不祀。作周本纪第四。

维秦之先，伯翳佐禹；穆公思义，悼豪之旅；以人为殉，诗歌黄鸟；昭襄业帝。作秦本纪第五。

始皇既立，并兼六国，销锋铸鐻，维偃干革，尊号称帝，矜武任力；二世受运，子婴降虏。作始皇本纪第六。

秦失其道，豪桀并扰；项梁业之，子羽接之；杀庆救赵，诸侯立之；诛婴背怀，天下非之。作项羽本纪第七。

子羽暴虐，汉行功德；愤发蜀汉，还定三秦；诛籍业帝，天下惟宁，改制易俗。作高祖本纪第八。

惠之早霣，诸吕不台；崇强禄、产，诸侯谋之；杀隐幽友，大臣洞疑，遂及宗祸。作吕太后本纪第九。

汉既初兴，继嗣不明，迎王践祚，天下归心；蠲除肉刑，开通关梁，广恩博施，厥称太宗。作孝文本纪第十。

诸侯骄恣，吴首为乱，京师行诛，七国伏辜，天下翕然，大安殷富。作孝景本纪第十一。

汉兴五世，隆在建元，外攘夷狄，内修法度，封禅，改正朔，易服色。作今上本纪第十二。